Caminhos de Morte e Vida

CB037025

Daniela Neves Santos

Caminhos de Morte e Vida

Histórias esclarecedoras e práticas de transformação pessoal

Inspirado pelos espíritos de Natan e Tereza

Capa e projeto gráfico: Marco Cena
Revisão: Viviane Borba
Editoração eletrônica: Bruna Dali e Maitê Cena
Assessoramento de edição: André Luis Alt

S237c Santos, Daniela Neves
Caminhos de Morte e Vida: histórias esclarecedoras e práticas de transformação pessoal / Inspirados pelos espíritos de Natan e Tereza. – Porto Alegre: BesouroBox , 2012.
192 p.

ISBN 978-85-99275-62-7

1. Espiritualidade: vivência e compreensão. 2. Crescimento espiritual. I. Título.

CDU 130.122

Cip – Catalogação na Publicação
Vanessa I. de Souza CRB10/1468

Edições BesouroBox Ltda.
Rua Brito Peixoto, 224 - CEP: 91030-400
Passo D'Areia - Porto Alegre - RS
Fone: (51) 3337.5620
www.besourobox.com.br

Impresso no Brasil
Outubro de 2012

SUMÁRIO

CONVERSA COM O LEITOR

CAMINHOS DE MORTE E VIDA

NOTA AO QUERIDO LEITOR

Este livro foi escrito com amor, com o intuito de tocar seu coração e fazer a diferença em sua vida, esclarecendo um pouco do desconhecido, e tão inusitado, mundo do além-túmulo.

As histórias que você vai ler chegaram a mim como um sopro divino, ditadas por Tereza e Natan, além daquelas que foram ressurgidas de uma época desconhecida, mas que, com certeza, estavam e vibravam, assim como ainda vibram, dentro de mim.

Hoje, divido com você, leitor, muito do que me foi transmitido, assim como partes de minha vida e aprendizado como Daniela. Estas histórias perpassam o corpo físico e invadem nossos sentimentos, afloram e saciam muitos de nossos porquês.

Sinta cada personagem em seu coração. Não tenho dúvida de que você sentirá a si mesmo em muitos momentos. Na vida ou na morte, todos somos um. Somos centelhas divinas que vibram e se complementam, mesmo que não percebamos. Somos os encaixes perfeitos do grande Universo.

Faça as práticas aqui sugeridas. Elas são simples e demandam pouco tempo para realizá-las e senti-las.

O sucesso de um livro está em saber usar as palavras que, mergulhadas no silêncio de cada página, são capazes de ultrapassar o papel e chegam aos ouvidos como notas musicais. Quando minhas palavras conseguem ensinar e ajudar os perdidos a encontrarem seu rumo, posso afirmar que o meu objetivo foi alcançado.

Como uma fonte contínua de alimento para o coração, este livro será aprimorado com outros que virão, usando a mesma emoção capaz de transformar as páginas de um livro em uma caixinha de surpresas e de preciosos ensinamentos. Estes podem vir por meio de um toque divino na mente, das mãos de quem escreve, dos ditares do coração que, em seu pulsar, demonstra o valor de cada palavra.

Caminhos de morte e vida saciará o desconhecido e preencherá o vazio que há em todos nós sobre o que é a morte.

Abra seu coração. Visite comigo os vários caminhos existenciais do ser. Seja bem-vindo. Deixe que cada palavra flua em você.

Daniela Neves Santos

Capítulo 1
O tempo aqui na Terra

Estive aqui por um tempo, que parecia ser para sempre. Não acreditei que ele pudesse acabar. Não acreditei que tudo o que eu tinha, inclusive meu corpo, não era meu. Não acreditei que eu nada tinha. Que tudo o que eu achava que tinha era ilusório e superficial.

Sofri com o tempo perdido. Sofri. Passei fome e sede porque não tinha meios de alimentar-me após a minha morte. Não fiz reservas para alimentar minha chama, minha alma. Meu fogo, ou chama interior, era muito fraco. Então, eu não tinha suprimentos para mim mesmo. Passava fome, frio, e, com isso, vinham as dores, as tristezas, as revoltas e o medo. O arrependimento veio aos poucos, somente quando meu "falso corpo" e minha "falsa mente" já não tinham mais forças para continuarem vivos, mesmo depois da morte. Era a segunda morte, dentro da primeira morte.

Eu percebia que muitos queriam me ajudar. Havia momentos que sentia o calor da presença deles, mas eu estava cego, surdo e mudo dentro de mim mesmo. Exatamente como vivi na Terra. Preso. Prisioneiro de mim mesmo.

Muito lentamente, aprendi a orar. Não sei como, mas a oração me alimentava. E, aos pouquinhos, tudo começou a mudar. Não sentia mais tanto frio, nem tanta sede ou fome. Entreguei-me para a oração como se fosse tudo e a única saída. E era. Era a única saída que eu tinha e que vinha dessa chama que ia crescendo.

Parecia que meu falso corpo tomava forma de um sol. Minha mente, até então revoltada e em busca de porquês, cedeu espaço a um imenso amor e vontade de voar. Até aqui, eu estava sozinho. Eu e meu fogo interior. Eu percebia o movimento de outros fogos, mas tinha medo de fazer coisa errada e novamente sentir fome, sede e frio.

Meus olhos continuavam cerrados dentro de mim mesmo. Até que, certo dia, ouvi um canto. Vozes suaves, suaves vozes chamavam-me. Diziam "João... João... Joãoo...". Doces vozes chamavam meu nome, mas eu não podia abrir os olhos. Abri-los significaria cair no desespero novamente. Então, eu ressurgia em oração. Orava, orava. Acredito que eu até cantava. Mas o medo ainda me dominava.

Os cantos e as melodias ainda chamavam por meu nome. Cada vez mais, eu me familiarizava com aquelas vozes. Tornaram-se amigos. Vozes sem rostos. Melodias sem autores.

Até que, certo dia, tocaram em mim. Abriram meus olhos com muito amor. Era o Mestre Jesus. Sua chama era tão linda que parecia ilusão. Ele apenas me olhou e sorriu. Ajoelhei-me a seus pés e pedi perdão. Ele apenas disse: "Abençoado seja nosso Pai e nosso Deus. Eu te amo, meu filho e meu irmão".

Percebi que muitos estavam a nossa volta. Todos com túnica branca e sandálias em couro cru. Segui com eles. Senti-me em casa depois de muito tempo.

Segui mergulhado nas orações. Entrei para a escola, a escola do amor. Estudei e estudo muito sobre como controlar meus sentimentos e atitudes.

Hoje, sem mencionar o senhor tempo, ajudo almas a lembrar de sua chama interna. Lembro-lhes de que o tempo é muito sutil e volátil. Ele nos engana e nos mente. Quando achamos que a vida está apenas começando, ela já terminou.

Com carinho, João

Capítulo 2
EVA

O meu despertar foi muito só. Acordei e estava dentro de uma caixa de madeira. Usava um vestido de festa branco e longo – o meu vestido de noiva. Não acreditei que aquilo era um caixão. Não acreditei estar ali, vestida de noiva. Meu casamento seria em poucos dias.

O que eu fazia ali? Todo o meu corpo parecia estar duro. Não conseguia mexer meus pés, minhas mãos e minha cabeça. Parecia que, dentro de mim, havia algo que era eu. Como se meu corpo tivesse se desdobrado em dois. Um que pensa e outro que estava duro e esticado naquele caixão.

Eu não tinha forças para gritar. Tudo doía muito em mim. Era tudo estranho e silencioso. O que havia acontecido comigo? Tentei lembrar, mas uma forte tontura e um grande enjoo tomaram conta de mim. Acredito que adormeci com isso.

Eu tentava ficar acordada para descobrir o que havia acontecido, mas o sono era muito forte. Sentia que pequenos bichos se movimentavam onde eu estava. Apesar da sensação de que eles literalmente me devoravam, meu sono e meu cansaço eram tão grandes que logo eu adormecia.

Ao adormecer, aos poucos, comecei a sonhar com um imenso jardim de flores amarelas. Nele, havia uma grande casa branca, erguida com grandes colunas redondas frisadas e brancas. Tudo tinha cheiro de flor de laranjeira.

Por muito tempo, eu adormecia e sonhava com a casa, com o jardim e com o cheiro. Aroma tranquilo que me provocava paz.

Em alguns momentos eu estava acordada, presa naquele lugar, com vários bichos circulando dentro e fora de mim, e em outros eu estava caminhando por aquele jardim.

Eu caminhava naquele imenso e lindo jardim de flores amarelas. Havia um caminho que me conduzia àquela enorme e translúcida casa. Parecia um enorme templo. Suas portas estavam fechadas. Algo me dizia que um dia eu entraria lá. Era só ter paciência.

Eu não tinha sentimento algum. Parecia estar anestesiada. Não pensava, não julgava, de nada me lembrava, muito menos questionava o que havia acontecido comigo.

Em minha vida terrena, eu era muito tranquila. Sempre esperava a minha vez. Nunca brigava, nem gritava. Muitos me chamavam de "a inocente". Eu era indiferente às agitações da vida.

Eu tocava piano desde pequena. Lembro-me de que adorava pegar utensílios da casa e tirar deles os mais diversos sons.

Eu era filha única. Meus pais eram bem mais velhos que os pais das outras crianças da minha idade. Muitos perguntavam se eram meus avós. Nunca questionei se realmente eram meus pais. Eu os amava e isso bastava.

Lembro-me de, muitas vezes, ainda pequena, sempre que me aproximava de onde eles estivessem conversando, eles disfarçavam e trocavam de assunto. Mas, como disse antes, eu os amava e nada do que viesse deles poderia me desapontar.

Eles eram amorosos comigo. Faziam tudo por mim. Minha mãe tinha uma voz doce. Muitas vezes, cantava para mim. Sua voz era firme e suave ao mesmo tempo, aveludada e macia. Ela cantava profissionalmente em orquestras.

Sua voz me embalava e me direcionava. Lembro-me de que, muitas vezes, adormeci ao som de seu canto. Ao fechar os olhos, posso voltar no tempo e ver a imagem de minha mãe cantando suas melodias, e eu com uma chupeta na boca, camisola longa de flanela, paninho nas mãos, admirando e me embalando no canto suave de sua voz.

Meus pais viajavam muito e por vários dias. Duas senhoras que cuidavam da casa também cuidavam de mim. Sentia que elas não gostavam de mim e que faziam suas obrigações com repúdio e nojo. Sentia em seus olhos que elas tinham inveja da vida que tínhamos.

Eu fingia que não sabia o que elas sentiam para que tudo ficasse bem. Preferia pensar que, logo, meu pai e minha mãe voltariam e tudo ficaria bem.

Assim eu passava meus dias e minhas noites. Entregue ao meu piano e à esperança de que eles voltariam logo.

Ganhei meu piano aos sete anos. Eu não tinha bonecas. Ganhava panos para bordar, tintas para desenhar e vários instrumentos musicais. Eu amava tudo o que ganhava.

Eu via as meninas da minha idade com lindas bonecas, mas logo tirava de meu pensamento o desejo de ter uma. Se meus pais não me davam bonecas, deveria ter alguma razão. E, assim, eu deixava o meu desejo de lado e seguia a minha vida.

Eu não tinha amigos, nem amigas. Nossa família não recebia visitas. Raramente saíamos para passear. Quando saíamos, sentia que todos respeitavam e admiravam meus pais. Então, eu me sentia importante, porque eles eram importantes.

Eu sempre me senti feliz. Quando algo queria me entristecer, eu orava para que tudo passasse. E tudo passava.

A música soava de minhas mãos pelas notas tocadas no piano.

De repente, eu já era mulher. Uma bela mulher, diga-se de passagem. Eu tinha lindos olhos cor de mel, cabelos no mesmo tom. Pele bem clara. Minhas mãos eram largas e meus dedos, compridos.

Meu pai sempre dizia que eu tinha mãos de regente de orquestra, assim como ele. Mas nunca falou que minhas mãos eram como as dele. Nunca houve comparações físicas entre meus pais e eu.

Isso me fazia amar minhas mãos e deixar de lado, mais uma vez, as dúvidas sobre a paternidade. Eu me entregava à oração e pedia que meu coração se aliviasse.

Em minha primeira viagem longa, eu já contava com 18 anos de vida. Lembro-me de que fazia muito frio. Tive que levar chapéus e luvas. Todos estavam muito bonitos e bem vestidos. Meus pais me levaram a um enorme teatro. Um lugar repleto de instrumentos musicais.

Meu pai era regente daquela orquestra e disse que era a hora de eu entrar para a vida profissional deles. Naquele momento, parecia que o chão havia se aberto sob meus pés.

Agora não mais ficaria sozinha, me relacionaria com outras pessoas, que conviviam com meus pais. Eu poderia mostrar a minha música ao mundo. Meu coração se inflou de felicidade. Sentia o brilho nos olhos de meus pais, a alegria de estar com eles, o orgulho por eles terem me trazido para ali.

Contudo, nada é como parece ser. Meu pai, vítima de um ataque cardíaco, caiu, morto, aos meus pés, no nosso primeiro ensaio. Morreu sendo assistido pelos seus melhores e únicos amigos, seus instrumentos musicais, eu e minha mãe.

Não consegui chorar. Algo em meu coração dizia que Deus sabia o que estava fazendo. Orava e orava.

Permaneci na orquestra. Não como regente, que era a vontade de meu pai, mas como pianista.

Em pouco tempo, minha mãe também partiu. Acredito que ela não tenha suportado a ausência de meu pai. Eles eram extremamente unidos. Faziam tudo juntos. Quando ele se foi, levou com ele uma parte dela. E ela foi em seguida.

Enchi o caixão de minha mãe com rosas brancas. Ela amava rosas. Em nossa casa havia um jardim repleto de rosas de todas as cores, mas ela tinha preferência pelas brancas.

Tudo mudou em minha vida. Apesar da herança que recebi de meus pais, o bastante para viver confortavelmente a vida inteira, continuei a trabalhar e a desenvolver minha música na orquestra. Eu queria, ainda, ser uma regente, como meu pai, mesmo sabendo que este caminho, para uma mulher, jovem como eu, era quase impossível.

O piano era meu consolo e amigo, como sempre o fora. Parecia que conversava com meus pais, já falecidos, por meio da música. Eu era muito sozinha. Além do piano, só Deus era meu companheiro.

Criei muitas melodias e sentia que elas tocavam o coração de quem ouvia. Um dia, ao ensaiar, percebi que alguém me observava. Em instantes, aquela pessoa sentou-se ao meu lado e suas mãos passaram a acompanhar as minhas em uma das melodias de minha autoria. Ele conhecia a minha música.

Nós nos entregamos àquele momento. Ele e eu envoltos na música com nossas mãos unidas em um toque macio, no teclado do piano.

Senti o que nunca havia sentido. A atração total por um homem. O suor, o desejo, o amor. Meu coração parecia sair pela boca. Todas as vontades reprimidas de mulher vieram à tona naqueles momentos sutis.

Tornamo-nos muito amigos. Envolvemo-nos totalmente um com o outro. Entregamo-nos, de corpo e alma, um ao outro.

Ele me levava a lugares que eu jamais tinha ido. Provocou-me sensações que eu jamais havia sentido. Apaixonamo-nos.

Seu nome era Vicente, de nacionalidade russa e também pianista. Era mais velho do que eu. Ele conhecia meus pais e sua música já fazia muito tempo.

Nós ríamos muito quando estávamos juntos. Começamos a namorar. Ficamos noivos. Eu me sentia muito feliz, mesmo com as pequenas viagens frequentes que ele fazia sem mim. Sempre havia um motivo para que não me levasse. Algo em mim suspeitava de algo, mas eu orava e orava. Afinal, eu só tinha a ele. Vicente era tudo para mim.

A saudade que sentia de meus pais foi ficando ao longe. Incluía--os em minhas orações e sabia que estariam bem e juntos.

Vicente passou a tomar conta de tudo o que era meu. Eu só cuidava de minha música. Passei para ele muitas procurações, para que cuidasse de meus bens. Nada daquilo me importava ou preocupava.

Eu não cabia em mim de tanta felicidade. Marcamos nosso casamento. Fazia muito frio. Toda a Europa sofria com a peste. Muitos da orquestra já haviam falecido. Eu e Vicente sofríamos por aqueles que iam.

Eu cuidava com muito amor daqueles que estavam doentes. Mas meu corpo cedeu para a peste. Fiquei doente. Lembro-me de que tinha suores fortíssimos, calafrios e febres altíssimas. Tudo doía e latejava em meu corpo.

Lembro-me do choro de Vicente ao meu lado. Ainda posso sentir as mãos dele segurando nas minhas, me pedindo perdão e dizendo que me amava. Mas eu estava confusa e não entendia o pedido de perdão dele.

Aos poucos, tudo ficou silencioso. Sentia-me muito cansada e com muito sono. Acordei, aqui, neste lugar. Só agora consegui perceber que morri. Só agora aquele sono não está mais tomando conta de mim. Só agora eu percebo o que tem à minha volta.

Percebo que há outro corpo dentro do meu. Percebo que restam apenas ossos, pelos, cabelos e roupas do meu corpo terreno.

Não gritei, mas tive vontade. Apenas chorei silenciosamente, relembrando o que achava que havia acontecido comigo. Preocupei-me com Vicente. O que será que havia acontecido com ele?

Percebi que eu estava dentro de um caixão, e que o sol entrava pelas suas frestas. Fechei meus olhos e orei.

Uma voz suave e doce me disse:

– Não tenha medo. Só queremos ajudar. Estamos aqui faz muito tempo esperando o seu despertar.

Um coro de vozes orava:

– Santa Maria, cheia de Graça, rogai por nós, pecadores,...

A voz prosseguia:

– Quando se sentires bem e segura, siga o raio de luz. Estamos lhe esperando para uma nova caminhada. Não tenha medo. Confie e ore.

Foi o que eu fiz. Fechei os olhos e me entreguei a Deus. Não sei como, mas transformei-me em um raio de sol e atravessei as frestas, até atingir o lado de fora do caixão.

Uma doce mulher, cercada de outras tantas pessoas, sorria para mim.

Ana era seu nome. Dava-me suas mãos e dizia suavemente:

– Confie em Deus. Ele é nosso Pai e nosso Criador – ela estende sua mão e convida-me a ir com ela.

Todos ali têm um olhar sereno e suave. Um olhar confiante. Eles cantavam, incessantemente, à Santa Maria: "Orai por nós". A oração eclodia como uma melodia.

Não há mais dúvidas de que morri. Vejo várias tumbas ao redor. Parece ser um cemitério muito antigo.

De repente eu travo, algo me puxa para trás. A oração aumenta por parte daqueles que me acompanham. Ana, com seu olhar vibrante e sua doce voz, estende sua mão novamente e diz:

– Por favor, apenas me acompanhe. Podes olhar a tudo e todos, mas não questione. Apenas prossiga em oração. Este lugar está cheio de armadilhas do além-túmulo. Nem todos que morrem permanecem na luz. Outros morrem, mas rejeitam-na, transformando-se em espíritos sofredores. No momento certo e no lugar apropriado, entenderás o que falo. Agora, minha querida, apenas siga conosco e mantenha sua oração.

Então, assim como na minha vida terrena fui sempre obediente aos meus pais, obedeci àquela mulher que parecia tão verdadeira e amiga.

Aos poucos, comecei a ver muitas tumbas. Ouvia grunhidos de dor. Ao mesmo tempo, risos, gargalhadas e pessoas zombando. Entreguei-me à oração e segui em frente.

No início da caminhada, eu sentia que algo me puxava para retornar àquele caixão, no qual meu corpo físico se encontra. Aos poucos, ao me entregar à oração, assim como fazia quando criança, senti-me flutuar.

Sem perceber, fechei meus olhos e, quando os abri, estava naquele jardim, naquele enorme caminho repleto de flores amarelas. O cheiro já não era de laranjeira, e sim de rosas. Agora, a porta daquele templo estava aberta.

Pessoas, muitas pessoas me esperavam com as mãos estendidas. Ana estava ao meu lado, sorridente. Há pessoas por todos os lados. Muitos estão trabalhando. Jardineiros do amor, no jardim da paz. Todos usavam roupas brancas.

Ana fala comigo, diz que aqui será meu novo Lar por um tempo e que, aos poucos, tudo ficará mais claro e compreensível.

Na porta do templo, Ana e seus amigos cantantes da Santa Maria entregam-me nas mãos de Adão e de Anastácia. Seus semblantes são puros e serenos como o de Ana, que diz:

– Meu trabalho é até aqui. Eu e minha equipe resgatamos almas e as trazemos até aqui. Obrigada por ter confiado em nós. Que Deus, nosso Senhor, te abençoe. Ore, ore muito e as respostas virão em seu coração.

Sinto que uma nova etapa inicia. É chegada a hora de confiar em Adão e em Anastácia. O templo é puro sol. Há muitos bancos e pessoas ajoelhadas em oração. Percebe-se que ali é apenas um portal para a próxima cidade.

Um coral de pessoas entoam orações. Vejo pessoas deitadas ao chão, um tanto pálidas, sendo ajudadas por outras.

Anastácia parece ler meus pensamentos, pois, mesmo sem eu perguntar, ela me diz que as pessoas que estão deitadas são recém-chegadas aqui na casa de restauração e que tiveram uma caminhada muito difícil até aqui.

Ao fundo do templo, havia vários pilares que levavam a pátios diferentes. Todos resplandeciam amor. Anastácia me conduziu por um dos pilares da parte dos fundos. Neste local, havia muitos idosos. Eles pareciam estar em festa. Todos sorriam, dançavam e cantavam. A impressão era que todos esperavam a minha chegada. Meu coração estava quase aliviado junto a eles. Suas rugas, seus semblantes de carinho e aconchego lembravam-me, em muito, de meus pais. Quase me sentia em casa.

Por um momento, uma esperança acendeu em mim. Talvez os encontrasse ali. Mas Anastácia, mais uma vez, como que sentindo a minha quase angústia de saudade, respondeu-me que ainda era cedo para reencontrá-los e que, meus pais ainda não haviam aceitado a morte e estavam presos nas ilusões da antiga vida ou passagem corpórea na Terra.

Meu coração doeu de tristeza, mas o medo de ficar presa novamente naquele caixão me fez voltar a Deus e orar por eles e também por mim.

Só após a morte eu entendi que, primeiramente, devo ajudar a mim para só então ousar ajudar aos outros. Não devo cruzar os braços, mas também não devo estendê-los sem ter certeza do que estou fazendo.

Anastácia continuava comigo – atenciosa e prestativa. Seus movimentos emanavam cheiro de rosas e acalentavam os medos e as dúvidas que queriam surgir.

Eu não havia percebido, mas ainda estava com o vestido de noiva, com a roupa que me colocaram quando fui ao sepulcro. Ele estava sujo e cheirava mal. Meu corpo exalava um odor desagradável.

Anastácia me explicou que já era hora de plasmar novas roupas, de vestir meu novo corpo com roupas claras e cheirosas, como todos os que residiam temporariamente na casa de restauração.

Por um momento, um calor ardido tomou conta do meu corpo. Senti como se algo me puxasse para o fogo. Ao mesmo tempo, senti que muitos velhinhos se aproximavam de mim. Eles deram as mãos e oraram "Pai Nosso" muitas vezes por mim. Logo a sensação de bem-estar voltou.

Anastácia, carinhosa e afetuosa, explicou-me que, ao lembrar-me dos preparativos do casamento terreno que foi interrompido, foi feita uma conexão com as desventuras terrenas e, como uma âncora, ou como um guincho, parte energética de mim deixou a casa de restauração para se perder nas ilusões dos porquês.

Anastácia orientou-me que usasse a oração para me manter sempre na casa de restauração e que, cada vez que eu sentisse peso ou calor, que vigiasse para não me deixar prender nas mentiras e nas ilusões terrenas.

A vida na Terra é feita por nós e pelos nossos defeitos de forma animalesca e fantasiosa. Tecemos uma teia de afazeres, compromissos e falsas ilusões, e dificilmente conseguimos nos libertar das armadilhas que criamos para nós. Quando vemos, estamos presos na própria teia e preparados para sermos devorados pela vida.

Unimos nossas mãos. A oração foi entoada quase como um canto. Falava a voz do coração. Fechei meus olhos. Senti-me como um pássaro – leve e liberto. Minha vestimenta foi trocada, meu corpo todo cheirava a rosas e minha pele brilhava.

Parece incrível, mas depois da morte, mantemos por um tempo a fisionomia da última existência e podemos plasmar nossas roupas com a voz do nosso coração, nosso arquiteto particular. Somente com o aprendizado adquirido com a compreensão das encarnações terrenas é que vamos reconhecendo e reincorporando nosso verdadeiro ser.

Agora eu tinha um novo Lar. Eu era a mais jovem deles, pelo menos parecia. Fazíamos refeições suaves. Havia frutas, verduras e legumes, mas, inicialmente, a alimentação era líquida e energizada com as nossas mãos e por meio da oração.

Nunca andávamos sozinhos. Estávamos sempre em grupos. De vez em quando, um ou outro caía nas teias da vida. Largávamos tudo o que estávamos fazendo, dávamos as mãos e orávamos para ajudar o nosso irmão a permanecer na casa de restauração.

Nós possuímos várias redes enroladas em muitas existências passadas. As trevas de que muitos falam estão dentro de nós. Nossos devaneios, nossas mentiras e calúnias, nossos gritos e revoltas, nossa insensatez, além de outros tantos sentimentos errôneos criam um inferno dantesco dentro de nós. A única forma de nos libertarmos dos nossos próprios demônios é nos polindo, sendo humildes e reconhecendo nossos erros.

Eu não saía da casa de restauração. Ficava no Lar dos Idosos. Parecia que todas aquelas casas coloridas e alegres continham muita sabedoria. Os idosos eram gentis, calmos, organizados e não tinham pressa alguma.

Muitos deles passaram por outros lares antes de chegarem ao Lar dos Idosos. Eles me diziam que eu deveria me sentir honrada e privilegiada por estar ali. Às vezes, nos reuníamos após nossos estudos e orações, e contávamos histórias, não falávamos da vida passada, apenas da experiência que tínhamos na vida de agora, nos vários lares que passaram antes da casa de restauração.

Aos poucos, começamos com cadeias oracionais para trabalharmos individualmente nossos erros na Terra. Todos se reuniam de mãos dadas, formando um grande círculo. Adão e Anastácia ficavam ao centro, em pé, com as mãos sobre os ombros da pessoa a ser tratada.

A cadeia de amor protegia a pessoa de ficar presa na Terra ao mexer nos nós que formavam a sua teia existencial – local com nossas memórias físicas e extrafísicas.

Tudo funcionava como se a pessoa pairasse sobre os nós. Não havia toque, mas os nós iam sendo desfeitos com o perdão e com a humildade pelo reconhecimento de seus erros.

A primeira sessão de libertação a que assisti foi a de Joana. Ela era minha vizinha de quarto no Lar dos Idosos. Era uma mulher alta, grande e um pouco gorda. Tinha cabelos curtos e ruivos. Sua voz era grossa, mas doce. Seu olhar, muito penetrante, aparentava ter uns sessenta anos, mas não sei com que idade ela deixou a Terra.

Joana entrou no centro da cadeia para ser tratada. A sessão foi aberta com várias orações de puro amor. Anastácia e João conduziam tudo. Pediam que não abríssemos os olhos, que apenas acompanhássemos com o nosso coração, em oração.

Foi-nos avisado de que não deveríamos julgar nem ter pena do que se passaria ali. Pediam-nos que orássemos pela nossa irmã que buscava um pouco mais de libertação.

Joana – assim foi chamada em sua última vida terrena – era uma mulher muito boa para os outros, principalmente para as crianças. Faleceu aos noventa anos. Ajudava ao próximo incessantemente. Não parou, durante sua existência, para ouvir o cansaço do próprio corpo físico.

Joana era filha de camponeses em uma pequena cidade do Sul da Alemanha. Seus pais morreram com a peste e ela cuidou de sete irmãos, com toda sua força e amor.

Desde muito pequena, fazia todos os afazeres sozinha. Não incomodava nem pedia nada a ninguém. Mesmo que seu corpo doesse e seus pés rachassem, ela não parava.

Ela plantava, arrumava a casa, cuidava dos irmãos e dos animais, cozinhava e ainda arrumava tempo para visitar os doentes, que estavam com a peste, e as outras crianças que estavam sozinhas no mundo, pois seus pais também haviam sido acometidos pela peste.

Muitas crianças estavam em situação deplorável. Suas casas fediam. Seus corpos estavam imundos. Sem contar a fome e o isolamento que passavam.

Joana foi envelhecendo e, cada vez mais, acumulava muitas pessoas à sua volta. Construiu, aos poucos, um Lar muito humilde, mas que acolhia todas as crianças desamparadas que ali aparecessem.

Tudo era muito organizado. Todos respeitavam Joana. Na medida em que as crianças ficavam adultas, elas iam indo embora para a cidade, para fazerem suas vidas. O Lar era muito bom, mas não supria todas as necessidades. A comida era moderada e apenas o suficiente para que não passassem fome.

O que havia de sobra era o amor que Joana tinha por todos. Ela se sentia uma mãe de muitos filhos.

Todas as crianças eram acolhidas no berço da mãe Joana. Muitas também eram abandonadas ali por mães solteiras que se desfaziam dos filhos ao nascer. Todas eram recebidas com amor.

Os seios de Joana eram fartos. Não havia tido filhos e jamais fora tocada por um homem como mulher. Era virgem em todos os sentidos. Cedeu sua existência a cuidar daquelas pobres crianças que receberam no seio de Joana muito mais conforto que de suas mães verdadeiras.

Os anos passaram e Joana foi envelhecendo. Seu semblante continuava forte e persistente, mas suas pernas já não aguentavam mais o peso da lavoura e do trabalho diário.

Aos poucos, Joana foi ficando cega. Caminhava com a ajuda de um grande cajado. Seus movimentos já não eram mais os mesmos, mas seu coração era cada vez maior. Logo foi substituída em seus afazeres por pessoas que cresceram ali. Passou a ficar sentada em uma cadeira e ali conversava com todos. Sua voz já saía rouca, mas seus ensinamentos de amor transbordavam em todos aqueles que estivessem perto dela.

Joana tinha medo de morrer. Seu medo não era da morte, e sim preocupação com as suas crianças, com a sua comunidade. Mesmo aqueles que já haviam crescido, para ela, como mãe, seriam para sempre crianças.

Relutou muito para morrer. Acumulou muito líquido em seu corpo pela falta de movimentos e pela rigidez de não querer partir. Morreu, depois de muito lutar, com medo, com falta de ar e obesa. Pensava que quanto maior fosse seu corpo, maior seria a dificuldade de se entregar.

Ela se fòi aos 90 anos. Uma luz veio lhe buscar. Ela negou esta luz. Fechou os olhos, ranzinza, e disse que não iria embora. Foi assim que ficou perdida na morte e nas ilusões de não querer partir, envolvida nos afazeres que não a pertenciam mais.

Seu tempo na Terra havia acabado. Sua missão já havia sido cumprida. Outros fariam seus afazeres ou pelo menos parte deles. E, se não as fizessem, a espiritualidade daria um jeito de ajudar aquelas crianças. Nada fica desatento aos olhos de Deus.

O apego àquelas crianças que, em seu consciente, eram dela, a propriedade sobre elas e o erro em acreditar que seria eterna deixou Joana presa na teia da vida após a morte.

Ela vagava pelos planos paralelos da vida terrena, e contaminava com larvas energéticas por onde passava, pois carregamos vibrações conosco, mesmo depois da morte.

Joana tentava interferir telepaticamente na rotina dos vivos. Em vida, seu pensamento fora muito forte e, em morte, não seria diferente.

Uniram-se a ela outros tantos espíritos errantes. Alguns não aceitaram a morte e outros já tinham a iniquidade ou a maledicência em vida. Energias e larvas mentais descendentes envolveram Joana, provocando dor e lamentações durante seu pós-morte. Cada vez mais, ela se afundava em energias pesadas e sofrimentos.

Ela acompanhava de perto a rotina de sua comunidade. Gritava e falava mal, dando ordens. Inquietava-se cada vez mais. Espíritos de graus muito inferiores foram atraídos para aquele local. Uma onda invisível de germes astrais tomou conta do local. Ninguém mais se entendia ali, nem os vivos, nem os mortos. Tudo era pesado. A comunidade entrou em decadência. As crianças que vinham já não eram acolhidas e as que continuavam ali não eram mais tratadas com amor e não tinham a fome suprida.

Joana chorava e lamentava pelo que via. Cega, em sua fúria de ter morrido, adormecia cada vez mais dentro de sua morte. Amigos espirituais tentavam ajudar, mas Joana não queria auxílio. Recusava-se a obter ajuda.

Quando tudo foi devastado e as crianças não tinham mais recursos, quando acompanhou a morte de algumas delas por carência alimentar, foi que Joana, finalmente, lembrou-se de orar. Ajoelhou-se e entregou-se, aos prantos, pedindo ajuda a Deus.

Os amigos espirituais, que esperavam desde muito a oração de Joana, socorreram-na. Em vida, ela sempre orava. Sua fé era inabalável e foi ela quem resgatou a energia do amor dentro de Joana. Uma cadeia amorosa a socorreu com grande êxito.

Ela foi retirada em luz daquele plano pesado e levada para o Lar de Desintoxicação da Casa de Restauração. Ficou ali, adormecida, sendo cuidada, iluminada e desintoxicada de suas lamentações por muito tempo.

Apagaram sua mente por longa data, para que florescessem, dentro dela, novamente, o amor e a compaixão que tinha agregado em vida.

Um dia, ela acordou. A cadeia de oração se fez. Seu pai terreno, que havia falecido quando ela ainda era uma menina, leu o livro da vida dela e fê-la chorar como um bebê e, também, reunir forças e aceitar a morte como uma nova etapa na caminhada da alma.

A partir daí, sua rotina no Lar de Desintoxicação ficou normal. Joana ajudava, com muito amor e compreensão, os adormecidos que chegavam. Ela sabia que eles deviam ter passado por muitas aflições da alma, pelas quais ela também havia passado e sabia exatamente o que era isso.

Ajudar ao próximo era como redimir-se de suas revoltas anteriores. Envergonhava-se do que havia feito, por isso, instruía aqueles que ela cuidava com muito amor e carinho. Assim como na Terra, Joana amparava os recém-chegados.

Com sua evolução, foi transferida para o Lar dos Idosos. Já estava pronta para mais uma etapa espiritual. O amor que a envolvia e sua cedência eram tão elevados que ela era peça importante para os trabalhos neste Lar.

A cadeia de oração se fortalecia. Como em "cenas" de uma peça, Joana revivia e avaliava seus atos errôneos. Ela chorava, orava e pedia perdão, mas jamais se lamentava por seus erros. Essa lição havia aprendido. Ela seguia em frente, largando sementes de seu aprendizado. O amor era o seu ideal.

Ela ajudava seus irmãos sem o sentimento de posse sentido durante a vida na Terra. Sabia que nada era seu, apenas os sentimentos que carregava dentro de si. Somente o amor é real e perdura além da vida.

O amor que carregamos é semente, é solo, é água, é sol, é o alimento do hoje, do agora, do ontem e do amanhã. Todos foram tomados por um intenso amor. Soltamos as mãos e entoamos uma Salve Rainha em um só coro, em uma só voz.

A morte é apenas uma passagem para o mais ali. Digo mais ali, porque é algo que está muito perto da nossa vida. Só o que acaba com a morte são as células do corpo físico. Ele morre, o resto continua.

Só nos aliviamos das nossas dores quando as compreendemos. Se morrermos doentes, continuaremos doentes até que encontremos a cura ou, no mínimo, o alívio. Se morrermos com fome e sede, continuaremos com fome e sede até que encontremos comida e bebida. O bem e o mal que fizemos na Terra serão o peso para reencontrarmos ou não nossos amigos espirituais e, com estes, a paz de que tanto precisamos. Nenhuma ajuda será negada, mas deverá ser pedida com a voz do coração.

Os pássaros cantavam suavemente. O brilho do sol emanava ainda mais tranquilidade e pureza no local. Viam-se muitas borboletas e pássaros coloridos no jardim do Lar dos Idosos. As flores eram diferentes daquelas que existiam na Terra – suas cores eram bem nítidas e seus perfumes eram doces como mel.

Sinto como se aqui fosse uma vila ou um bairro igual aos da Terra. A grande diferença é que, aqui, não há máquinas, nem barulhos. Tudo parece estar em perfeita sintonia e organização – além de haver o cheiro incessante de rosas e a paz que toca como pluma nossos corações. As melodias oracionais embalam o dia e a noite, tranquilizando e harmonizando tudo e todos.

Veio-me a lembrança de uma mãe embalando o seu bebê. É mais ou menos isso que a oração faz conosco. Acalma-nos, acaricia--nos e nos dá segurança.

De vez em quando, recebemos a visita de Anastácia trazendo mais amigos para morar conosco. Aqui sempre há lugar para todos.

Algo em meu coração latejava. Entreguei-me em oração, mas ele insistia em doer. E parecia estar apreensiva, como se esperasse algo.

Fui à procura de Damião. Ele era o socorrista dentro do Lar dos Idosos, e era como um conselheiro, com a sua voz macia e apaziguadora. Fui ao seu encontro.

Damião era um senhor. Cabelos brancos e curtos, e barba bem rala, também branca. Os olhos eram bem negros e expressivos. A pele era branca com um tom bronzeado.

Tive a impressão de que ele já me esperava. Quando cheguei à sua sala, ele levantou-se e, sorridente, ergueu suas mãos até as minhas. Convidou-me a entrar e a sentar. Colocou ao meu lado um copo com água. Fechou os olhos e orou em voz alta, pedindo a Deus que o orientasse naquela conversa.

Minhas lágrimas rolaram. Meu coração doía, mas eu não sabia por quê. Senti que tudo girava, que algo flutuava dentro e fora de mim. Bem ao longe, eu ouvia os cantos. Parecia que muitos oravam por mim. Senti-me viajar. A voz suave de Damião me dizia:

– Abra seus olhos. Confie e ore.

Eu estava em uma sala antiga, com móveis em madeira crua, uma grande cama, tudo muito limpo e organizado, mas o cheiro que sentia ali me enjoava.

Damião estava na minha frente. Ciro e Katarina, que havia reconhecido apenas agora, estavam com as mãos sobre as minhas. Eu sentia que eles me protegiam. Um grande rosário, com uma imensa cruz de madeira, estava pendurado na parede acima da cabeceira da cama.

Aquela senhora, ali, deitada, estava agonizando em remorsos. Ela estava sozinha no quarto. Entre suas mãos, havia um terço. Ela orava, chorava e falava algo tão baixinho que eu não conseguia entender.

Damião tocou entre meus olhos e fez-me visualizar a viagem que fizemos até aqui. Estávamos na Terra, em visita a alguém que estava prestes a desencarnar.

Meu coração voltou a doer. Parecia que algo me puxava para perto daquela senhora. Damião permitiu, com um doce olhar, que eu chegasse mais perto. Todos se aproximaram comigo.

A senhora dizia:

– Perdoe-me, minha filha, perdoe-me. Aonde quer que esteja, aceite meu perdão. Amada filha, forçosamente, eu tive que entregar-lhe à adoção. Seu pai jamais soube de seu nascimento. Sua concepção foi em puro amor. Amávamo-nos ferozmente um ao outro. Éramos muito jovens. Eu havia sido prometida ao convento, para seguir a carreira de freira. Eu nada podia fazer contra as ordens de minha mãe.

E a senhora continuou:

– Nossos encontros de amor às escondidas eram tão intensos que não foi possível segurar nosso desejo e nos entregamos um ao outro. Fui para o convento logo no início de minha gestação. Eu tinha apenas 14 anos. Minha barriga foi crescendo, os enjoos aparecendo e a cada dia você me maravilhava mais com a sua formação dentro de mim. Minha mãe, inabalável e autoritária, jamais me ouvira. Determinou a minha ida e prisão no convento até que você nascesse. Ela estava cumprindo sua promessa em me entregar ao convento quando fizesse 15 anos. Ela só adiantou as etapas. Fiquei anos sem ver meus pais. Não sei se eles souberam do seu paradeiro. Também tenho dúvidas de que meu pai soubesse de minha gravidez. Até hoje posso ouvir os gritos de minha mãe, quando cheguei com o vestido cheio de sangue. Até hoje posso sentir a vibração do ódio dela para comigo. Por muito tempo, aqueles gritos soaram como surra doída dentro de mim, mas, hoje, com tudo o que passei e aprendi, eu a perdoei já faz muito tempo.

Eu chorava tanto quanto a senhora e tinha uma intensa vontade de abraçá-la. Damião pediu para que eu não ficasse tão perto. Disse-me com seu olhar que ela já estava em sofrimento e que os moribundos podem, muitas vezes, sentir e ver os espíritos, e isso aceleraria o seu desencarne antes que ela desabafasse o seu coração.

Meu coração doía. Sua voz me era familiar. A senhora prosseguia com voz trêmula e fraca. Ela suplicava em prantos, angustiada:

– Filha querida, eu te procurei por toda a minha vida. As poucas vezes que saí do convento foram para procurar, entre meninas, moças e, depois, senhoras a minha filha “Eva” que roubaram de mim.

No momento em que ela pronunciou o meu nome, senti que caí. Ciro e Katarina me seguraram, mas fui instantaneamente para outro lugar. Acredito que tenha viajado no tempo, acompanhada dos meus guardiões Ciro e Katarina.

Vi-me bem pequena, parecia que havia uma tela na minha frente. Névoa e cheiro de rosas tomavam conta do ambiente. Colocaram-me sentada em uma cadeira inclinada. Ao meu lado, com as mãos em meu corpo, Katarina.

Ciro estava atrás de mim, com as mãos elevadas sobre o meu corpo. Disseram-me, amorosamente, para eu assistir e orar, para eu não julgar, nem ter pena. Vi uma menina, quase mulher, linda, de cabelos loiros cor de mel que chegavam até a sua cintura, formando belíssimas ondas. Ela era alta para a sua idade, devia ter uns 14 anos, não mais do que isso, mas já parecia uma linda mulher. Seu corpo era ágil e rápido.

Senti que ela estava ansiosa, parecia que ia fazer algo proibido. Eu podia ouvir o seu coração acelerado e vibrante.

Vigiei e assisti, como a um filme, cenas da existência de minha verdadeira mãe terrena. Ela estava em uma enorme sala, onde havia uma mesa oval de madeira, da cor de imbuia, com muitas louças espalhadas organizadamente sobre ela. Parecia ser uma mesa posta para um requintado café da tarde.

Nesta sala, estavam sentadas várias senhoras, todas muito bem vestidas. Elas conversavam alegremente sobre muitas coisas. Anita entrou ofegante. Cumprimentou-as, deu um beijo nas mãos de sua mãe e pediu permissão para caçar borboletas nos campos floridos. Era a desculpa que arranjava para se ausentar por algumas horas, ou por alguns momentos, da casa principal.

A permissão foi dada e a adolescente, sem hesitar, saiu, explodindo de ansiedade e alegria. Anita usava um vestido longo, botas couro cru e um enorme chapéu sobre a cabeça. Em suas mãos, uma rede e um vidro coberto com tule. Para não comprometer sua mentira, Anita sempre voltava para casa com duas ou três borboletas. Pedia desculpas mentalmente às borboletas por aprisioná-las, mas depois que as mostrava para sua mãe, jogava-as fora. Era o seu álibi,. Assim, ela caçava e soltava as borboletas, depois de mostrá-las para e sua mãe de nada desconfiava.

Anita corria por aquele campo. Bem ao longe, mas muito longe, visualizava-se um menino também correndo. Os dois estavam ofegantes, sedentos de saudade. Abraçavam-se e beijavam-se intensamente. Seus olhares se transformavam em um só olhar. Seus abraços imitavam uma dança, a dança do amor.

Tudo havia parado, o tempo, o sol, o vento. Só os corpos se mexiam com a dança do amor. Entregaram-se um ao outro em amor e sexo. Seus corpos, latejantes e jovens, amaram-se sem regras ou contratos. O amor estava ali e era o guia deles. Havia sido a primeira vez da entrega total. Ele e ela se entregaram um ao outro sem pensar ou julgar, apenas sentir.

Percebia-se que ele era de uma classe social muito inferior à dela. Ela era loira e clara, com vestes de princesa. Ele era ruivo, sua pele era um pouco mais escura que a dela e as vestes eram de um pobre camponês. O amor, porém, vai além de tudo isso. Nada importava, apenas os dois.

Falavam o mesmo idioma – o idioma do coração. Seus países eram diferentes. As terras do pai de Anita ficavam na fronteira, entre dois países. No entanto, nada impedia que seus encontros se dessem com a total compreensão um do outro.

Neste dia, ficou mais tempo do que o normal. Sua mãe mandou dois homens a cavalo procurá-la. Encontraram-na, já retornando. Ela seguiu com um deles, e o outro avistou o menino ao longe. O homem seguiu a galope até alcançá-lo. O menino estava com as calças sujas de sangue na região da virilha. O homem, imaginando o que havia acontecido, pegou-o pelo braço. O menino tentou fugir. Sem hesitar, muito menos perguntar quem ele era, o homem sacou uma arma e acertou o menino.

Tomaz caiu de uma vez só. Seu corpo, ainda sedento de vida, entregou-se ao chão e, futuramente, aos abutres que viriam devorá-lo. Nada mais foi feito. O corpo foi deixado ali, sem compaixão.

O homem retornou à casa principal. Apenas voltou para casa como qualquer outro dia. Tamanha a sua frieza, nada lhe tocou.

Na casa principal, a mãe de Anita conversava ferozmente com ela. Podia-se observar uma mancha de sangue no seu vestido. Anita não teve como negar. Contou tudo à sua mãe, que, injuriada, agressiva e muito nervosa, gritou aos céus o erro da filha.

A mãe nada perguntou sobre o acontecido, sobre quem o responsável por aquilo, muito menos sobre como ela se sentia. Ela apenas ordenou que arrumassem as coisas de Anita, pois ela iria, antecipadamente, para o convento, para onde foi prometida ao nascer. A promessa foi adiantada, pois o combinado foi que ela fosse aos 15 anos completos.

O pai estava viajando. A mãe decidiu sozinha. Uma enorme porta se abria. Uma enorme construção à sua frente a deixava pequenina e impotente. Anita não conseguia conter as lágrimas. Seu coração doía de saudade de Tomaz. Mal sabia ela o que havia acontecido com ele.

Uma freira impenetrante abriu a porta. Seu semblante era frio e seco, mal olhou para Anita. Apenas chamou para que outras freiras a encaminhassem para um quarto. Seu quarto era um verdadeiro calabouço. Uma cama, um travesseiro, paredes frias e escuras.

Ficou ali, escondida de tudo e de todos durante a gravidez. Ou era assim, ou não seria aceita no convento. Ninguém saberia que a futura freira havia dado a luz. Era um segredo velado a dinheiro, entre a madre superiora e a mãe de Anita.

Por meses a fio, Anita e sua pequena Eva, ainda em seu ventre, foram cúmplices uma da outra. Anita cantava canções inventadas por ela mesma que a filha, ouvindo, parecia se embalar em seu útero, ambas em perfeita sintonia. Mãe e filha traçando suas canções e formando o entendimento uma da outra. Ora Anita se entregava à tristeza, hora se entregava à lembrança do bebê já amado que estava em seu ventre.

A hora estava chegando. O ventre avantajado. A menina estava frágil, devido a tantos meses sem exposição solar.

Fortes dores, gritos e uivos de dor. A própria madre superiora fez o parto. Anita reuniu todas suas forças naquele momento. O ser amado, fruto do seu amor, estava vindo ao mundo... Mais lágrimas, gritos, dor e, finalmente, o choro do bebê, que logo fora sufocado por um pano em sua boca. Anita via aquilo atônita, mas já sem forças.

O bebê chorava. Anita voltou a gritar. Seus gritos eram uivos de socorro. Eva e Anita, em perfeita sintonia, aumentavam cada vez mais seus lamentos – gritavam e choravam juntas.

A madre, assustada e com medo de ser descoberta, agarrou os cabelos de Anita e prometeu que se ela ficasse quieta, deixaria que o bebê ficasse ali, naquele momento. Anita encheu-se de esperança e obedeceu.

Pegou sua pequena Eva, ainda suja, em seus braços. Beijou-a e, como uma cadela limpa seus filhotes, lambia o rostinho da menina a fim de limpá-la.

Anita sorria por aquele momento e agradecia a Deus por sua filha ter nascido perfeita.

Eva chegou a mamar nos seios de Anita por algumas horas e, quando Anita se sentiu mais segura, adormeceu, entregando-se ao cansaço. Mãe e filha entregues ao sono.

A madre retornou, então, para levar a pequena bebê. Anita acordou. Quando ia gritar, a madre colocou algo em sua boca.

Anita já estava sem forças, mas, mesmo assim, pediu à madre:

– Em nome do Senhor Deus, por favor, não leve a minha filha.

Sua dor era intensa e a madre percebeu. Até mesmo seu duro coração sofreu uma pontada de dor. A madre parou por um momento e ouviu Anita.

Ela, já no limite de suas forças, pedia que a madre ao menos concedesse que ela colocasse o nome na filha. Desde o início da gravidez, chamava a pequena de Eva. Ela havia sonhado com este nome. Pediu para que a madre jurasse por Deus. Alegou que, sabendo o nome da filha, um dia poderia encontrá-la.

A madre, que já havia passado pelo mesmo que Anita sendo este um de seus mais recônditos segredos, jurou por Jesus Cristo e batizou a menina com o nome de Eva.

Anita beijou a filha pela última vez. Mesmo na escuridão do quarto, gravou cada detalhe de sua pequena e, até aquele momento, no leito de morte, jamais se esquecera do semblante de sua menina. Foi aquele semblante que ela procurou em cada menina que encontrava, em cada moça que passava por ela e em cada senhora que avistava.

Os anos passaram. Anita se tornou madre naquele convento. Era caridosa com todos. Entregou-se a Deus com todo o seu fervor, porque confiava que Deus a faria reencontrar sua filha.

Anita conseguiu mudar muitos das normas do convento local e de outros tantos em diversos países. Foram implantadas algumas leis em nome do amor ao próximo. Uma delas é que meninas grávidas eram aceitas, e não mantidas em cativeiros, como ela.

Muitas adoções ainda eram feitas, mas era sempre permitido, de um jeito ou de outro, que as jovens mães ficassem momentos ou dias com seus filhos, caso estas assim o quisessem, já que algumas nem queriam ver o rosto de seus bebês.

O convento agregou um orfanato. Muitas futuras freiras criaram seus filhos debaixo de suas vestes. Os segredos entre mães, filhos e madres eram mantidos em nome do amor.

Anita foi serena durante a vida, foi uma sábia mulher. Saiu do convento pouquíssimas vezes e, algumas delas, para visitar os pais que, apesar do ocorrido, ela guardava em seu coração. Perdoou-os com o tempo. A sua fé ensinava-a a perdoar de coração.

As crianças amavam Anita. Aliás, todos a amavam. A doce menina se transformou em uma grande e amada mulher, apesar das muitas dificuldades pelas quais havia passado.

A vida lhe ensinara a ter paciência e a nunca perder a fé. Estava desencarnando e confiava, com toda imensidão de sua alma, que Eva a ouviria. E Eva a ouviu. Não só ouviu, mas também assistiu à vida de sua mãe e à própria gestação.

Ali, Eva descobriu o que sempre havia suspeitado, de que era adotada, e agradeceu aos seus pais adotivos por terem a amado tanto e cuidado tão bem dela.

Ela sanou uma dúvida que carregou durante a existência – a adoção. Parecia que um nó havia se desfeito dentro de Eva. Sentia-se mais leve e, ao pensar no paradeiro de seu pai verdadeiro, Damião pegou em sua mão e disse-lhe:

– Ainda não! Seu olhar era tão verdadeiro que Eva compreendeu que haveria de chegar o momento certo e não relutou. Apenas aquietou-se.

Sentiu outro grande puxão. A luz novamente voltou – parecia um dia de intenso sol. Eva estava novamente no quarto de Anita. Ela acabara de falecer e estava indo em sua direção. Eva não sabia o que fazer.

Anita, mesmo fraca pelo desencarne recente, gritava:

– Eva, Eva, minha filha!

Ainda estávamos no quarto terreno. O corpo espiritual de Anita estava lá. Ela enxergava Eva em um nível mais acima, por isso a olhava diretamente.

Chegaram outros amparadores espirituais, espíritos de luz que ajudam no processo de desencarnar.

Uma luz lilás envolvia Anita. Uma oração foi entoada mais forte. Anita elevava-se para onde nós estávamos. Ela estava consciente e parecia estar compreendendo o que acontecia. Suas mãos tocaram em minhas mãos.

Nós duas desmaiamos. A energia do desencarne, do reencontro e da emoção que sentíamos foi muito forte e nossos corpos, inclusive o meu, que ainda estava em tratamento energético, foram adormecidos para serem tratados.

Acordei em um quarto que ainda não conhecia. Havia espectro de luzes por toda a parte. Luz rosa, lilás, azul, amarela, laranja, roxa, branca, verde, um lindo arco-íris entrava e saía de nossos corpos, como uma brisa que acalenta e conforta.

Damião estava ao centro da sala, entre os pés das duas camas. Estava com o semblante muito sério, com os olhos cerrados e entoando as orações. Ao meu lado, Ciro e Katarina, com as mãos sobre o meu peito.

Ao lado de Anita, Adão e Anastácia também com as mãos sobre o peito de Anita. De suas mãos saíam fluidos de cor amarela.

Não sei quanto tempo ficamos ali, mas pressinto que foi bastante. Deram-nos água para beber. Parecia haver uma parede invisível entre as duas camas que impedia que Anita me visse. Eu a via e a observava, mas ela não me via, nem sentia minha presença. Percebi que quem fazia esta proteção era Damião.

Anastácia, zelosamente, esperava Anita abrir os olhos. Quando esta o fez, Anastácia lhe disse, calmamente:

– Não tenha medo, querida irmã. Estás amparada por irmãos. Que o Senhor Deus esteja no meio de nós.

Anita, ainda trêmula, consentiu com a cabeça, e doces lágrimas rolaram por sua face, já mais rosada e jovem devido ao tratamento energético.

Anastácia prosseguiu amorosamente. Adão apenas orava com os olhos fechados:

– Amada irmã, tua vida na Terra foi baseada na Lei do Amor.

Capítulo 3
Ana e Eva, Eva e Ana: almas que se encontram, segredos revelados

As orações e atendimentos prosseguiam normalmente no Lar dos Idosos. Cada vez mais, Eva se entregava aos atendimentos esperados e inesperados.

A amizade entre Ana e Eva foi amadurecendo. As duas estavam sempre juntas. Seus trabalhos e energias eram complementares. Enquanto uma tratava os pés de uma pessoa, a outra já estava nas mãos. Quando uma ia pegar água, a outra já estava com o copo. A sintonia entre as duas era inigualável.

Ana foi se recuperando de suas memórias e, em pouco tempo, adotou um aspecto mais jovial. Ainda era uma senhora com cabelos brancos presos em um coque, mas seu olhar e movimentos corpóreos eram de uma jovem.

Eva continuou com a fisionomia de quando falecera. Uma linda jovem com sorriso largo e olhos penetrantes.

A rotina no Lar dos Idosos era dividida em turnos. Havia uma organização harmoniosa e tranquila para tudo o que precisava ser feito.

Era um verdadeiro intercâmbio de almas. Umas chegavam pela primeira vez, outras iam embora para o próximo estágio evolucional e algumas entregavam-se sem perceber às ilusões da vida terrena e não voltavam mais.

As acomodações estavam sempre à espera de um irmão ou de uma irmã para serem ajudados. Os trabalhadores nunca se cansavam. Tudo era feito com muito amor. Os cantos oracionais eram intermitentes.

Assim como na Terra, após a morte há dia e noite. Os astros fazem parte das escalas evolucionais. Eles também têm energia pensante e motivo para existirem. Veremos e estudaremos sobre isso um dia.

Eva mudou suas acomodações para próximo de Ana. Passaram a dividir o mesmo aposento.

Os aposentos das casas de passagem do além-túmulo são muito simples. Nos quartos, há apenas cama e lençóis brancos. Não há guarda-roupas, espelhos, tampouco penteadeiras. Também não há apetrechos, perfumes, joias, chapéus, bonés e sapatos.

Todos andam de pés descalços. Nossas roupas são plasmadas de acordo com nossa vontade e nosso coração também não há chuveiros para tomarmos banho. Nossos banhos também são plasmados e criados pelo nosso coração. O cheiro de rosas que exalamos é fabricado dentro de nós e da nossa vontade consciente.

O orgulho e a vaidade, que são seres que habitam em nós quando estamos na Terra, não conseguem entrar no Lar dos Idosos. Outras tantas pessoas que residem em nós quando temos um corpo físico são tratadas, se estas assim o quiserem, nas várias frequências da casa de restauração. Antes de chegarmos ao Lar dos Idosos, esses seres são retirados, para que, depois, na medida certa, possamos tratá-los dentro de nós.

Todos – homens, mulheres, espíritos, energias pensantes, formas mentais e emocionais como gula, ira, inveja, cobiça, luxúria, e muitos outros – são tratados na Lei do Amor e invadidos pelo bálsamo do perdão.

Cada vez que alguém precisa ser trabalhado em seu mundo interno, é feita uma reunião de espíritos amparadores. Todos se entregam voluntariamente a cuidar da pessoa a ser tratada. Ninguém fala em tempo ou dinheiro. Aqui, tudo é feito com doação. Ninguém chama ninguém para o trabalho.

Mais ou menos assim: estava tocando uma música, eu gostei e parei para ouvir. No Lar dos Idosos, na Casa de Restauração e nas infindáveis outras casas de Amor que existem no além-túmulo, tudo é feito através da Energia do Amor. O rádio do amor fica sempre ligado e suas músicas sempre tocando. Ouvirá quem estiver com o seu coração aberto.

Como nada é por acaso, as pessoas que ouvem a música e seguem com ela têm uma sintonia e aspectos em comum a serem tratados. Toda sintonia vem de semelhanças e toda semelhança vem de uma mesma frequência energética.

Na vida ou na morte vibraremos conforme nossa frequência interna. Se dentro de nós a frequência é baixa, teremos pesos em nossas vidas ou mortes, teremos medos e tristezas, mas na medida em que vamos aumentando nossas frequências, vamos encontrando paz e felicidade. Por isso, tanto na vida quanto na morte, o que importa e é inadiável é o trabalho sobre o si mesmo.

Todos, sem exceção, temos ligações com a humanidade. Algum dia, distante ou não, cruzamos com aquele ser que tínhamos que nos cruzar. E aquela ou essa cruzada pode ter deixado marcas profundas, boas ou não, em nosso inconsciente.

Inúmeras vezes perdemos a oportunidade de nos redimir com as pessoas, porque somos inconscientes daquilo que outrora fizemos a elas. Seria importante que tratássemos nossos dias e nossos encontros com os outros como oportunidades para nos ajustarmos com os seres que estão à nossa volta. Assim, vamos galgando nossa elevação espiritual.

Como a Lei do Amor é sábia e onipotente, não era em vão que Ana e Eva estavam tão íntimas e trabalhavam em equipe tão bem. Entre elas havia, além da sintonia frequencial, uma semelhança genética que ainda não havia sido revelada e, até então, nem suspeitada pelas duas.

Ana e Eva eram tia-avó e sobrinha-neta. Eva era filha de Anita e esta era filha de Lorenzo que era irmão de Ana. Lorenzo era o irmão mais novo de Ana e fora criado como seu verdadeiro filho. Lorenzo perdeu sua mãe dias após seu nascimento.

Novos atendimentos se fizeram. Adão e Anastácia tocaram os sinos avisando que nossa reunião se iniciaria. Ana e Eva entreolharam-se e um vento gelado percorreu entre as duas. Ficaram surpresas com a sensação inesperada e insólita que ambas sentiram. A energia do momento mostrava que um desencarne estaria próximo.

Um portal de luz branca se abriu e muitos espíritos amparadores viajaram por ele. Ana e Eva permaneciam juntas. Cada uma devota de sua fé. Muitas vezes, faziam seus trabalhos com as mãos dadas.

Novamente, Ciro e Katarina aproximaram-se das duas. Puseram as mãos sobre as cabeças delas. Eva e Ana confiaram e fecharam os olhos. Já haviam passado por várias experiências como estas e sentiam em seus corações que tudo tinha um motivo.

Quando abriram os olhos, sentiram cheiro de tristeza, de móveis velhos. Era uma grande sala, com uma enorme escadaria, com corrimões em bronze.

Nas paredes, muitas fotos, principalmente de uma linda menina de cabelos longos e sorriso largo. Eva podia sentir o brilho daqueles olhos. Havia, ainda, naquele lugar, tristeza, desamparo e a energia de gritos soltos há muito tempo.

Aos pés da escadaria, um senhor. Barba comprida, cabelos quase brancos, roupas de montaria, botas altas e sujas de barro. Ele tentava se mexer, mas em vão, pois seu corpo já não correspondia às suas ordens mentais. Ele estava prestes a se desligar do corpo físico.

Tudo indicava que ele havia caído daquela escada e que havia quebrado a coluna. Seus últimos suspiros eram de tranquilidade e confiança.

Ele tentava pedir ajuda e se mexer, mas não conseguia. Uma enorme poça de sangue se formava ao redor de sua cabeça. O homem parecia perceber o que estava acontecendo e não sentia medo de seu desligamento.

Eva pôde ouvir a oração dele, que pedia a Deus que o conduzisse em paz para o outro lado. O homem suspirava baixinho o nome Ana.

Várias vezes ele chamou com amor pelo nome Ana e enfatizava:

– Minha mãe, minha irmã, de quem sinto tanta falta. Cuida de mim, neste momento, assim como cuidou durante toda a vida. Ana, Ana, Ana, mãezinha querida, ajude-me, se puderes, a encontrar o caminho certo.

A seu lado, Eva pôde perceber as lágrimas rolando pelas faces de Ana. Ela estava envolvida por uma linda luz azul que vinha das mãos de Damião.

Eva percebeu o amor que envolvia Ana e aquele Senhor. Mal sabia ela que aquele senhor era seu avô, que estava orando para a amplitude e a serenidade do desencarne de seu avô materno Lorenzo.

Capítulo 4
O despertar de Tomaz

Tomaz jamais havia se sentido tão alegre e completo. Despediu-se de Anita cantarolando e com um lindo e largo sorriso nos lábios.

As cenas do encontro dos dois vinham em sua mente e preenchiam todo o seu corpo de alegria. Ele suspirava e cantava. Amava Anita.

Ele raciocinava rapidamente, fazia planos. Queria tê-la para sempre em seus braços. Queria ter muitos filhos com ela e tratá-la como sua deusa.

Tomaz se desligou de todo o resto que se passava à sua volta. Agradecia a Deus por ter reencontrado a sua amada.

Tomaz fora criado com muito amor pelos pais. Ele era muito religioso. Desde pequeno, fora acostumado a agradecer a Deus por tudo. Sua família orava várias vezes ao dia e cada vez que alcançavam uma meta ou ultrapassavam um desafio, cantavam louvores a Deus.

Tomaz tinha um segredo que compartilhava apenas com sua mãe. Ele via e conversava com espíritos. Desde muito pequeno, ele recebia visitas dos nossos amigos espirituais e estes lhe explicavam sobre a vida e também sobre a morte.

Tomaz foi um menino muito precoce. Já rabiscava letras e, depois, alguns poemas desde os três anos de idade. Seus pais jamais o forçaram a nada, apenas entregavam-no nas mãos de Deus.

O nascimento dele foi bem complicado. Tomaz ficou trancado no útero da mãe ao nascer. A parteira precisou fazer incisões que não estavam previstas. Foram horas de sofrimento, momentos de muita dor com o medo de perderem Anastácia.

Anastácia, mãe de Tomaz, mulher religiosa e muito tranquila, não se esquece de orar a Deus em todos os momentos de seu parto. Ela confiava em Deus e acreditava que tudo daria certo. Pedia que seu filho fosse salvo, se essa fosse a sua vontade.

Ela entregou nas mãos de Deus. O parto fora muito complicado. O menino veio ao mundo roxo, mas sem qualquer sequela física. Anastácia ficou inconsciente por muito tempo, perdeu parte de sua memória e também os movimentos das pernas.

Tomaz foi criado pelo pai e por uma irmã de sua mãe, mãe de Tobias, que ainda amamentava o próprio filho. Assim, Tomaz e Tobias foram criados como irmãos e muito amados por toda a família.

A amizade dos dois era divina e sincera.

Anastácia recuperou a memória aos poucos. Passou a andar em uma cadeira de rodas. Fazia vários afazeres sem reclamar, pelo contrário, agradecia a Deus por estar viva e poder presenciar o filho crescer.

A cada dia, para ela, era um novo dia. O sorriso em seus lábios estava sempre presente. Jamais se esquecia de agradecer a oportunidade de estar viva.

Cada vez que seu marido chegava em casa, ela o beijava e o acariciava. O amor dos dois era intenso, puro e reinava naquele lar. Não havia distinção entre as pessoas. Todos se amavam e todos oravam juntos, sempre em agradecimento a tudo.

Assim Tomaz foi crescendo, naquele ambiente de amor. Os espíritos conversavam com ele e, muitas vezes, o avisavam de coisas que aconteceriam. Tomaz corria até a mãe e contava o que havia aprendido. Anastácia ouvia com todo o respeito e orientava o pequeno menino-rapaz.

Os anos passaram e o rapaz se tornou o braço direito do pai. A mãe, mesmo na cadeira de rodas, ainda deu a luz a mais dois meninos.

Tomaz tomou gosto por ervas e chás. Aconselhava o pai a plantar esta ou aquela. Tudo era orientado pelos seus mentores. Ele sabia o que estava plantando e para que servia.

Muitas vezes, alguém aparecia com alguma dor no vilarejo onde moravam e o menino falava no ouvido da mãe o que deveria ser feito. A mãe ouvia e repassava o procedimento que o filho havia recomendado. Anastácia era considerada uma curandeira, quase uma santa. Ela guardava o segredo de Tomaz a pedido dele.

Além da terra, o rapaz amava as ovelhas, os cavalos, os animais em geral. Parecia que eles se entendiam.

Durante a noite, o corpo de Tomaz viajava e encontrava uma moça com olhos expressivos. Eles se olhavam por muito tempo e faziam passeios com as mãos dadas. Tomaz perguntava quem era ela e os amparadores diziam que no momento certo saberia.

O coração de Tomaz ansiava por encontrá-la, mas, como confiava em Deus, saberia quando o momento certo estivesse perto. Foram anos de encontros no plano astral dos sonhos. Eles já se amavam. Faltava conhecerem-se.

Os sonhos de Tomaz foram tomando formas diferentes. Ele se via em outro plano, sendo resguardado e envolto em luz.

Ele perguntou aos amparadores o que era aquilo e disseram-lhe que a vida tem surpresas previstas e pediam que ele confiasse e não tivesse medo. Tomaz confiava, mas ficou intrigado. Sentia que algo ruim se aproximava. Não sabia o que fazer, apenas orava.

Um dia, ao rebanhar suas ovelhas, Tomaz, acompanhado de suas amigas e de alguns espíritos do campo, se afastou além do normal das terras do pai.

O dia está lindo e envolvente. Tomaz sente seu coração explodir de felicidade. Avista, ao longe, uma linda mulher-moça. Não sabe o porquê, mas tem vontade de correr ou voar. Seu coração pula incessantemente. Algo dentro dele diz:

– É ela, é ela a moça de meus sonhos.

Os dois se aproximam. Ambos são familiares um ao outro, ambos lembram-se de seus sonhos. Eles se abraçam sem se conhecerem. O impulso do amor se faz presente.

Eles falam seus nomes e, com o coração aberto e puro, contam de seus sonhos. Um entregue ao outro. A Luz do Amor os envolve. Almas que se encontram, mesmo com todas as armadilhas que a vida traz.

O primeiro beijo, o primeiro enlace de almas reencarnadas, e o círculo de reencontros na escala da vida sendo concluído – Anita e Tomaz felizes e esperançosos diante um do outro.

Os seus corações se preencheram. A saudade era imensa. Parecia que não se viam há muito tempo.

Na despedida, cada um volta para o seu lar. Diferentemente de Tomaz, Anita não pode compartilhar o acontecido com seus pais.

Tomaz chega em casa extasiado contando à mãe o que acontecera. Os dois choram de alegria. No entanto, Anastácia, que nesta fase já estava com sua espiritualidade muito desenvolvida, sentia que algo estava errado. Seu coração de mãe, unido à sua sensitividade desenvolvida e aguçada pela convivência com Tomaz, a deixou apreensiva e insegura com o reencontro de Anita e o filho.

Anastácia apenas calou. Nada comentou com Tomaz, apenas orou e entregou, mais uma vez, tudo nas mãos de Deus.

Os encontros foram ficando cada vez mais frequentes. Eles se amavam por horas a fio.

Anastácia foi ficando doente, e seus movimentos, cada vez mais endurecidos. Já não mexia as mãos nem os braços. A cadeira de rodas foi trocada pela cama. Tomaz cuidava da mãe com muito amor e carinho. Ele mesmo dava banho nela, acrescentando ao banho ervas e chás para aliviar as dores e as tensões devido aos músculos estarem atrofiados.

Desde então, os irmãos de Tomaz voltaram-se mais à lavoura e o rapaz aos cuidados da saúde da mãe e ao pastoreio de ovelhas e gado.

Tomaz acreditava que encontraria a cura para a mãe. Em seu íntimo, sentia-se culpado por ela estar assim. Várias vezes eles conversaram sobre isso e ela acalmava-o, dizendo que era feliz assim e que Deus havia lhe dado muitas bênçãos, dentre elas, a maior, a oportunidade de ser mãe.

Tomaz ficava mais tranquilo ao ouvir a voz doce da mãe, mas ainda sentia seu coração apertar com a culpa.

Os dias passavam e Tomaz sabia que sua mãe não iria longe. Sabia que apenas o coração e a mente dela estavam sãos. O resto do corpo ia se degenerando.

Os espíritos amigos aconselhavam Tomaz. Diziam para que ele aproveitasse o tempo que lhe restava com a mãe. Acalmavam-na, dizendo que muitas vezes uma doença não é sinônimo de tristeza, e sim de aprendizado. Tomaz ouvia e acalmava o coração com a oração e com seus encontros com Anita.

A vontade de Tomaz de aprender Medicina e curar a mãe crescia a cada dia, mas ele sabia que estava longe de um dia poder estudar fora de seu vilarejo. Além das condições financeiras, ele não poderia abandonar seus pais e irmãos.

Os mentores lhe diziam que há várias formas de Medicina, dentre elas, a da alma e do espírito e, nesta, Tomaz estava sendo um admirável aprendiz.

Os encontros com Anita inspiravam Tomaz a cantar e a dançar. Eles se amavam, sem sombra de dúvidas.

Quando saía, Tomaz deixava seu amigo-irmão Tobias cuidando de sua mãe. Jamais permitia que a mãe ficasse sem cuidados ou sozinha.

Naquela tarde, tudo foi diferente...

Ao sair de casa e beijar a mãe, Tomaz sentiu uma forte dor no peito. Sentiu que dois espíritos que jamais havia visto estavam ao lado dela. Apesar disso, ficou tranquilo, pois sabia que eram espíritos do bem e que estavam zelando por ela.

Ao abraçar seu amigo Tobias, uma sensação forte de agradecimento tomou conta de seu corpo. Lágrimas chegaram a cair e ele agradeceu por sua amizade e fidelidade. Tobias não entendeu o que se passava, mas abraçou o amigo carinhosamente e o chamou de irmão.

Tomaz avisou aonde iria, contou o que faria, pedindo ao amigo que fosse ao seu encontro caso houvesse qualquer coisa com sua mãe.

Na ida ao encontro da amada, Tomaz foi orando e visualizando sua vida, percebendo como Deus tinha sido bom com ele e como ele era feliz. Tomaz tinha tudo, amava tudo o que tinha e o que não tinha. Seu único receio era a saúde da mãe. Ele tinha medo de perdê-la, mesmo sabendo que a vida continuava após a morte.

Tomaz ia assim, lembrando e agradecendo. Em um verdadeiro estado de graça. As últimas imagens da frágil saúde da mãe logo se desapareceram de sua mente.

Ele avistou Anita ao longe. Ela estava com um lindo vestido branco, e os cabelos estavam soltos. Na cabeça, um enorme chapéu. Ela estava linda, como sempre. Os dois correram um ao encontro do outro.

De repente, o tempo fechou. O Sol se escondeu. Gotas de chuva caíam do céu. Anita e Tomaz acharam uma cabana abandonada nas terras do pai de Anita. Esconderam-se da chuva ali mesmo.

O amor os envolveu. Entregaram-se sem medo. Seus corpos e almas encontraram-se. Amaram-se.

O tempo passou sem que os dois percebessem. Katharine, mãe de Anita, mandou dois capatazes em busca da filha. Ela estava desconfiada dos encontros da filha. Ordenou a Olavo, o capataz de sua confiança, que não poupasse o rapaz. Olavo entendeu o recado.

Os cavalos relincharam e despertaram o amor de Tomaz e Anita. O jovem beijou a amada e saiu apressadamente. A alegria dos dois era tão grande que não se deram conta do perigo que corriam.

Tomaz saiu ainda meio avoado pelo amor que haviam feito. Corpo, mente e coração estavam entregues aos momentos que acabara de viver.

Ele cantava:

– Anita, meu amor...

Foi quando ouviu o relinchar de um cavalo e uma voz, que lhe ordenou:

– Pare!

Ao virar o corpo para ver quem era, ainda sorridente, Tomaz foi acertado no peito brutalmente por Olavo, balas disparadas sem remorso algum.

Tomaz morreu sorrindo e com as lembranças dos maravilhosos recentes momentos. A morte foi instantânea. Não teve tempo de pensar, nem de sentir dor.

A Passagem de Tomaz

Ele sentiu apenas o estampido da bala e seu corpo perdendo as forças. Não percebeu o que estava acontecendo. Apenas sentiu que algo dentro dele se desprendia e subia.

Seu corpo estava leve e envolto em uma luz muito forte. Não conseguia abrir os olhos. Podia ouvir, muito ao longe, canções e louvores a Deus.

A voz suave de um homem lhe dizia:

– Não tenha medo. Apenas feche os olhos e siga conosco – Era a voz de Pedro, seu companheiro espiritual de muita data.

Tomaz se sentia tonto e parecia haver um bloqueio em seu pensamento. Ele não conseguia pensar no que estava acontecendo.

Algo o impedia de julgar o momento – uma tontura que o venceu. Entregou-se a ela e deixou que o levassem.

Pedro e seus amigos levaram-no para o Lar das Rosas. Acomodaram-no em uma limpa e cheirosa cama. Deixaram guardiães cuidando de Tomaz para que ele não sofresse com o desencarne.

No momento em que o corpo físico de Tomaz caiu no chão, Anastácia sentiu fortes dores em seu coração. Algo lhe dizia que o filho não estava bem.

Anastácia chegou a sentir a dor da bala penetrando em seu peito. A dor que o filho não sentiu viajou energeticamente até instalar-se no seu corpo de mãe. Anastácia contorcia-se em sua cama, com dores e falta de ar.

Tobias, já preocupado com a demora do amigo e vendo o estado grave de sua mãe, chamou por Josué, pai de Tomaz, para zelar por Anastácia. Josué, nervoso pela esposa e apreensivo com a demora do filho, obedeceu e entregou-se em oração.

A mulher suava e delirava. Chamava seu filho. Dizia que o peito doía e que não conseguia respirar. Não havia o que fazer. Josué apenas aguardou e orou. De vez em quando, lavava o pescoço e o rosto da esposa com água de rosas.

Tobias subiu em seu cavalo saiu ao encontro do amigo – assustado e com o coração apertado, pois acreditava que Dona Anastácia morreria naquele dia.

Na procura por Tomaz, foi lembrando o que o amigo havia lhe dito, sobre onde estaria. Foi até o local e ele não estava. Decidiu ir mais além; já que havia chovido, pensou na possibilidade de o amigo ter se abrigado da chuva.

Encontrou o cavalo de Tomaz preso em uma árvore. Um arrepio gelado percorreu-lhe o corpo. O cavalo parecia estar agitado e nervoso. Sem pensar, soltou o animal e mandou-o ir embora. Qualquer coisa, seu amigo viria com ele em seu cavalo.

Não sabia o porquê, mas algo lhe dizia que Tomaz não voltaria.

Ao passar por um arbusto, ele notou corvos girando ao redor. Não acreditou. Quando percebeu as botas de Tomaz caídas no chão, teve medo de dar o passo seguinte.

Mas ele seguiu em frente. Tomaz estava estendido no chão. Seu rosto mostrava ainda um sorriso. Seu peito e abdômen estavam cobertos com sangue.

Tobias gritou:

– Não, não, não, meu amigo!

Neste momento, Pedro e sua comitiva de amparadores orientavam Tobias para que ele não se desesperasse. Amenizavam a dor com o amor que passavam para ele.

Tobias não tinha dons espirituais, ou pelo menos não sabia que os tinha, mas confiava em Deus e se entregou a ele cegamente. Ele respirou fundo, ajoelhou-se diante do corpo do amigo e pediu forças a Deus para levá-lo e entregá-lo à sua família.

Tobias juntou Tomaz do chão e levou, parando de vez em quando devido à dor que sentia, o corpo morto do amigo, deitado em seu cavalo.

As lágrimas rolavam, mas ele ia conversando com o amigo como se ainda estivesse vivo. Ele dizia:

– Meu amigo e irmão, estarei contigo sempre. Conte comigo sempre. Se há vida após a morte, como muito você me fala, vamos nos encontrar e rir de tudo isso. Eu te amo, meu amigo, meu irmão.

Tobias avistou a porteira da casa, e os dois irmãos de Tomaz vieram correndo. Quando avistaram do irmão no ombro de Tobias, gritaram:

– Tomaz, Tobias!

Veio muita gente do vilarejo; as casas ficavam nos campos, mas eram muito próximas.

Josué ouviu os gritos e foi ver o que havia acontecido. Foi quando os rapazes largaram o corpo já falecido e endurecido de Tomaz no sofá da sala. Eles não sabiam onde largar o corpo. Todos estavam sem reação e atormentados. Ninguém acreditava no que havia acontecido.

Todos choravam alto.

Anastácia, mesmo com toda a dor e falta de ar, pediu para que lhe levassem até a sala para ver o filho. Ela sabia que algo ruim havia acontecido. Foi quando viu o filho estendido no sofá, com os olhos abertos e um sorriso nos lábios. Seu coração de mãe fala amorosamente:

– Ele morreu feliz.

Neste momento, Anastácia deixa a cabeça cair e dá o último suspiro de vida. Mãe e filho partem no mesmo dia. Assim como quase deu sua vida para que o filho nascesse, agora parte com ele em mais esta jornada para o além-túmulo.

A comoção era geral. Todos oravam muito por eles e pediam bênçãos para os dois. Josué entrou em desespero, mas seu coração de homem bom e devoto às suas crenças acalmou-o.

No Lar das Rosas

Tomaz continuava adormecido. Os espíritos anfitriões de amor zelavam por seu sono, limpavam o corpo energético que ali descansava e cuidavam para que nada o incomodasse. Eles entoavam orações para que suas células vibracionais revigorassem-se.

Uma senhora muito prestativa tomava conta dele quase sem descansar. Saía apenas para fazer trabalhos urgentes e logo retornava aos cuidados do rapaz.

Ela mesma mentalizava as roupas e os lençóis que estariam no corpo e na cama de Tomaz. Tudo tinha cheiro de rosas. Mesmo inconsciente, ela dava-lhe uma sopa – um caldo azul com laranja que descia por canos que estavam ligados etereamente àquele corpo ainda doente pelo choque da bala do revólver em seu peito.

A sala em que Tomaz estava era toda branca. A cama era alta e confortável. Alguns aparelhos com fios, tubos e mangueiras estavam ligados. Recipientes metálicos recebiam corpos estranhos e sujos que desciam por tubos do corpo de Tomaz. Era um vai e vem de líquidos. Saía sujeira e entrava água energizada.

Dois médicos, de vez em quando, vinham dar uma olhada em Tomaz e regular os aparelhos. Enfermeiras trocavam as vasilhas e mangueiras.

Tudo ocorria como em uma UTI de hospital. O movimento era similar, a diferença era que tudo era feito com amor, consciente e voluntariamente, por aqueles que ali estavam. Todos eram voluntários para aquele trabalho. Estavam ali porque seus corações pediam.

Tomaz era o único enfermo a ser tratado naquela sala. Havia vários outros quartos. Todos com desencarnados recentes. Ali eram feitos processos cirúrgicos como em um hospital normal. Ferramentas eram utilizadas como na Terra.

Muitos dos trabalhadores utilizavam os ensinamentos que obtiveram na Terra. Havia profissionais como médicos, enfermeiras e benzedeiras. Outros retiravam as práticas de cura de sua consciência cósmica, ou seja, do processo evolutivo e ascendente em que já se encontravam.

Temos todas as profissões, podemos e sabemos fazer tudo, desde que ativemos as diversas partículas de conhecimentos específicos dentro de nós. Só a Lei do Amor é capaz de ativar essas partículas. Por isso, é importante que despertemos nossa consciência cósmica dentro de nós mesmos.

Temos de ter a consciência de que somos apenas uma pecinha de um grande quebra-cabeça e que precisamos de várias outras para poder montá-lo. Essas pecinhas encontram-se aqui, lá e acolá, dentro e fora de nós. A Lei do Amor nos ajuda a atrair essas pecinhas pouco a pouco. Ao atraí-las, recebemos todo o conhecimento que elas contêm.

Vários amparadores de cura posicionavam as mãos sobre o corpo de Tomaz. Uma luz verde emanava das mãos deles e entrava naquele corpo. Um brilho parecido com purpurina surgia sobre o corpo dele quando aquela luz verde entrava nas células que ali se recuperavam. Parecia que ocorria um choque entre a energia ruim da célula doente e a energia de puro amor que provinha da luz verde.

Lentamente, o corpo de Tomaz foi tomando uma forma sadia. Seu semblante já estava sereno, prestes a acordar.

A senhora sorria quando os olhos dele abriam e fechavam, como se quisesse acordar.

No entanto, ainda não era a hora de Tomaz despertar. Os amparadores queriam que isso acontecesse apenas quando todas as sequelas que haviam sido transportadas do corpo físico até o corpo que estava naquela sala fossem sanadas e tudo estivesse funcionando equilibradamente.

Em um daqueles tubos era colocado um calmante natural, para que o rapaz continuasse dormindo e sua mente, com todos os seus pensamentos, fosse estendida a outro local, para receber também a luz de amor, só que de outra forma.

Em muitos casos, como no caso de Tomaz, quando uma pessoa desencarna abruptamente, para que não haja tanto sofrimento, o corpo é dividido em duas partes: física e mental.

A parte física e mecânica do corpo é a do mecanismo que formou o corpo físico e que tem uma cópia fiel em forma de corpo energético. Ela é tratada por pessoas especializadas na saúde pós-morte e em lugares que parecem hospitais, lugares de cura quântica.

A parte mental e emocional é a que não se aquieta de forma alguma no além-túmulo, pois continua com todos os seus afazeres gravados ali. Ela é transportada para uma sala multicolorida e lacrada, como um grande cofre. Ali, se concentram blocos de orações que visam acalmar a vibração do ser pensante. Assim, a pessoa fica adormecida e sendo tratada. Tudo é feito com muito amor e equilibradamente.

O corpo é separado da mente porque ela ainda está com todos os seus emaranhados de afazeres e vícios rotineiros, e isso roubaria a energia necessária para o restabelecimento do espírito doente.

Na vida terrena ocorre o mesmo. Nossa mente e nossos sentimentos roubam nossa energia física, desequilibrando nossos centros energéticos e, posteriormente, causando-nos muitas doenças. Por isso, é muito importante vigiarmos nossos pensamentos e sentimentos para não sermos escravos da vã ilusão da vida.

Não esqueçam. A vida é apenas uma viagem. Dentro de você tem algo muito maior e que ainda fará muitas e muitas viagens.

Algum tempo depois...

Não há relação entre o tempo terreno e o tempo no Lar das Rosas.

Tomaz foi transferido para um quarto no qual havia uma janela que dava para um lindo jardim, um gramado verde e extenso se apresentava. Coqueiros indicavam que logo ali havia um bosque. Borboletas e pássaros voavam, como se dançassem naquele cenário de beleza encantadora.

Ao lado da cama havia um copo com água e uma vasilha com um pano branco embebido em água de rosas. Tudo era impecavelmente limpo e cheiroso.

Aquela senhora acabara de entrar no quarto. Seu olhar era sereno e amoroso. As mãos eram largas, muito largas, e os dedos, compridos. Percebia-se que havia usado muito as mãos em vida.

Os cabelos em tons ruivos misturados à cor branca estavam presos em um belo coque. Ela usava roupas de cor verde-água – parecia uma túnica com algumas pedrinhas de cristais transparentes e brilhantes.

Ela ia e vinha frequentemente. Impunha as mãos sobre o corpo de Tomaz e deixava-o também impecável, limpo e cheiroso.

Neste dia, a senhora colocou roupas de uma cor azul quase céu em Tomaz. As roupas de hospital foram substituídas por uma túnica dessa cor, muito delicada e aconchegante. O tecido era macio para não agredir o corpo que, por um tempo indeterminado, estava adormecido a descansar.

A senhora tinha um livro em mãos, um livro de histórias infantis. Era um grande livro marrom, com as páginas amareladas, e algumas até mofadas. Ela sentou-se ao lado da cama e começou a ler o livro em voz alta. Ela lia e lágrimas rolavam por seu rosto, mas sem perder o semblante sereno e de amor que ela transmitia.

Uma oração, leve e baixa, era entoada em uma vibração acima daquele quarto, direcionada para os dois.

Vez ou outra, a senhora parava de ler, lavava as mãos naquela água de rosas e passava na testa de Tomaz. Dizia baixinho ao ouvido dele:

– É hora de acordar, pequeno rapaz. Precisamos regar as sementes e fazê-las crescer.

Por vários dias, a senhora fez isso. O ritual era sempre o mesmo. Tudo era repetido com muito amor, como se fosse a primeira vez.

Era um lindo dia de sol. As rosas exalavam um cheiro forte no ar. Na vasilha ao lado da cama, havia uma bacia com água de rosas vermelhas e uma sopa bem quentinha que parecia de legumes.

A senhora retomou desde o início tudo o que fazia. Pegou o livro e começou a lê-lo. Um pouco mais alto, desta vez, pois ela sabia que Tomaz estaria ouvindo.

Neste momento, a mente, tratada e aquietada pelo tratamento recebido, estava acoplada novamente em Tomaz. Ela já estava em sintonia com o novo corpo que fora reestabelecido. Não haveria choque de energia nem fuga para dimensões inferiores.

Tomaz ouvia e reconhecia aquela voz, que o havia confortado em muitos momentos da infância. Aquela voz o fez acreditar na vida além-túmulo. Foi com esta voz que ele pôde provar para a sua mãe que a vida depois da morte existia.

Foram as histórias contadas por aquela senhora, que sempre carregava o grande livro nas mãos, que fizeram de Tomaz um menino meigo e gentil, além de encantador. Cada vez que se encontrava com crianças, reunia-as em grupos e contava aqueles velhos contos infantis para elas.

Tomaz despertou sorrindo e serenamente. Seu coração se encheu de paz. Sabia que era a avó materna quem estava ao seu lado. Concluiu que havia falecido. Ele ainda tinha um pouco de receio de abrir os olhos.

A senhora percebeu e disse:

– Tomaz, meu filho, não tenha medo. Ore e confie. Estaremos sempre ao seu lado.

Aquela mesma senhora apareceu para Tomaz até os seus sete anos. Ela vinha todos os dias quando ele ia dormir e contava lindos contos infantis. Tomaz adormecia no embalo de sua voz. Junto com ela, muitas vezes, vinham espíritos de crianças, encantados em ouvir histórias infantis. Tomaz ultrapassava a barreira do sono com tranquilidade.

Um dia, quando Tomaz tinha feito três anos, seu corpo estava queimando em febre. Anastácia, sua mãe, já não sabia mais o que fazer. Ajoelhou-se aos pés do filho e orou. Chamou por sua mãe e pediu que lhe ajudasse a curar o seu filho.

Anastácia chorava e orava. Lembrava de que não havia conhecido sua mãe, pois esta morrera quando deu a luz à Anastácia. Ela agradecia imensamente pela vida, mas sentia intensa dor por ter sido a causadora de sua morte. Essa dor só foi superada por Anastácia quando Tomaz começou a conversar com os espíritos e eles lhe passavam o que estavam sentido. Não seria diferente com a mãe de Anastácia. Elas puderam ter várias conversas tendo Tomaz como intérprete e transmissor das palavras. Tomaz ouvia de uma e passava para a outra. O coração de Anastácia foi se aliviando da culpa que sentia.

E assim, após um tempo imensurável, Tomaz abriu seus olhos e sorriu para sua avó. Uma lágrima caiu de um de seus olhos. Foi quando, ao abrir a boca para perguntar de sua mãe, sua avó lhe disse:

– Sua mãe está bem. Logo vocês se reencontrarão. Fique tranquilo, meu neto. Fique em paz.

Tomaz sorriu, novamente fechou os olhos e seu espírito viajou por aqueles momentos de amor entre ele e Anita.

Ele se lembrava de cada detalhe, de cada toque e de cada beijo. Pôde sentir que o coração dos dois batia no mesmo compasso, no mesmo ritmo.

Não se arrependia de nada. Ele amava Anita e sabia que ela também o amava e que um dia iriam se encontrar. Tomaz tinha certeza de que ela era a sua outra metade, pois os espíritos amigos haviam lhe mostrado isso antes mesmo que se conhecessem fisicamente.

Seu coração estava em paz. Confiava em Deus e em seus amparadores. Sentia que tudo ficaria bem. O único medo era de que sua mãe não estivesse bem.

Sua avó, Eva, passava as mãos energeticamente sobre as mãos de Tomaz. Aconselhou-o a comer a sopa. No início, ela deu-lhe na boca. Em seguida, ele mesmo passou a tomá-la sozinho.

Tomaz sentia-se revigorado, forte e em paz. Aquele lugar lhe parecia tão familiar. No quarto, além da avó Eva, estavam Ciro e Katarina. Damião chegou depois. Todos pareciam estar em festa pela chegada de Tomaz. O rapaz, então, se sentiu relaxado e amado.

Tomaz não sabia que uma parte de sua mente, relacionada ao medo e aos receios, estava anestesiada para que não tivesse recaídas, até poder observar e aprender com os fatos ocorridos na vida terrena.

Era chegada a hora de sair do hospital. Uma comitiva de anjos, ou amigos espirituais, acompanhou Tomaz até o seu novo Lar. A avó Eva conduzia-o pela mão.

Era a primeira vez que Eva tinha alguém de sua cadeia genética da última vida terrena perto de si. Tomaz parecia-lhe mais do que um neto, parecia-lhe um filho querido. Ela nunca pôde estar no mesmo plano que sua amada filha Anastácia, pois quando esta nasceu, ela morreu. Pareciam trocas de vida e morte. E agora, seu neto estava em um mesmo plano. A comunicação ficava mais próxima e melhor.

Eva estava feliz. Feliz porque Tomaz estava aceitando seus cuidados. Feliz por ele não ter se revoltado com a morte. Feliz porque sabia que sua filha Anastácia também estava naquele plano e logo se encontrariam e trabalhariam juntas pelo amor à humanidade.

Tomaz seguia por um caminho verde. Parecia que entrariam em uma floresta – campos cobertos por coníferas enormes e muito antigas. Era como se dentro daquelas árvores vivessem seres muito antigos, como espíritos velhos ou gnomos.

Damião, que acompanhava a caminhada, disse-lhe que ali realmente moravam seres especiais e que, assim como na Terra, cada um tinha sua missão.

Tomaz surpreendeu-se, pois não havia falado com Damião. Apenas havia pensado. E Damião respondeu-lhe novamente:

– Amado rapaz, aqui nós lemos o coração. Não precisamos mover os lábios para conversar. Entramos um na frequência do outro pelo coração. Por isso, aqui, não há mentiras, exageros ou diminuições. Há apenas o conteúdo de nossos corações. Este é real e não consegue ser mascarado. Com o tempo, compreenderás melhor o que falo. Entre em sintonia conosco, com o lugar onde estamos, que todos que aqui habitam entrarão em sintonia com teu coração. Toda a energia pode ser captada, basta entrarmos em sua frequência.

Tomaz agradeceu:

– Obrigado, Damião.

Os dois se olharam amorosamente. Damião, assim como Eva, também estava muito feliz.

Tomaz não sabia, mas estava sendo esperado há muito tempo. Seu ser havia sido um grande energizador do Bem em muitas vidas que se passaram. Ele mesmo escolhera estas provações.

Damião, Eva, Anastácia, Ciro, Katarina, Anita, Ana, Eva e também Aurora participaram de muitos feitos de luz em tempos de outrora, possuidores de outros corpos físicos.

Logo, o grande bosque deu lugar a uma enorme construção. Parecia um castelo com torres de cristal. O lugar era magnífico. A construção ficava no alto de uma colina rodeada de verde e de rosas de todas as cores.

Havia algumas minitorres em alguns pilares da construção. Na ponta dessas torres, havia cristais em formato de pirâmide. O sol batia ali e refletia várias cores do espectro de luzes. Tudo era divino.

Podia-se também ouvir o som de arpas e de piano. Um cheiro de mel misturado com rosas pairava no ar. Um grande muro, também de cristal, cercava o local. Tudo era enorme, branco e colorido ao mesmo tempo. Não parecia real, e sim um conto de fadas.

Tomaz percebeu que aquele era o castelo do conto de fadas que sua avó contava. Ele era real. Ali moravam os gigantes da luz de que ela tanto falava. Por isso aquela história encantava e acalmava as crianças – porque era real e verdadeira.

A avó Eva sorriu para Tomaz. Disse-lhe amorosamente:

– Eu estava lhe preparando para sua verdadeira morada.

Tomaz sorriu largamente. Todos pararam de repente. Damião colocou-se à frente de Tomaz e acenou para que todos se ajoelhassem. Todos obedeceram e fecharam os olhos.

Uma energia transformadora entrou por entre seus corações. Tomaz sentiu-se forte e livre, como se tivesse asas. Sentiu-se grande e esperançoso, como se todo o seu corpo se transformasse em um Gigante de Luz.

E, realmente, todos ali eram Gigantes de Luz que estavam plasmados em corpos momentâneos. Aquelas eram suas verdadeiras formas. Aqueles eram os chamados Corpos de Luz e suas geometrias específicas.

Tomaz foi tomado de choro. Todos choraram e se abraçaram.

Tomaz era enorme. As luzes de seu corpo pareciam vários diamantes brilhantes. Dentro de seu peito, um enorme coração emanava energia. A predominância de sua forma era masculina – a definição do feminino e do masculino não é como a da Terra.

No Plano Espiritual, a energia vibrante é que define os polos feminino e masculino, positivo e negativo. Os seres caminham juntos e todos se amam puramente. Há casais, verdadeiros casais e almas que são caras-metades, mas até neles há a existência dos vários polos.

Todos pareciam guerreiros estelares – eram pura luz.

Eva também era enorme. Tinha cabelos ruivos, longos e encaracolados. Seus olhos eram de um azul celeste brilhante, pareciam olhos divinos. Seu corpo era tomado de uma luz lilás, misturada ao rosa. As cores movimentavam-se em seu corpo. Ela exalava cheiro de rosas.

Todos tinham aspecto jovem e sereno.

Damião continuava com sua barba rala. Ele era o maior de todos. Usava uma túnica branca, na qual brilhavam pontos brilhantes com todas as outras cores. Seus olhos negros, penetrantes e enormes, pareciam ler a tudo e a todos. Em sua cabeça, um turbante com um cristal na ponta. Este cristal mudava de cor. Em sua mão direita, um grande cajado de cristal.

Ciro era todo verde. Dentro dele havia muitos tons de verde. As cores giravam como se dançassem em seu corpo. Usava um turbante também verde com um grande cristal verde escuro, que também mudava de cor. Suas mãos eram enormes e possuíam mais dedos do que o normal.

Katarina vestia amarelo. Uma túnica, meio vestido, com vários tons de amarelo e laranja. Era loira. Cabelos encaracolados e longos, tons muito perto do branco. A suavidade de sua forma era impressionante. Parecia a mais jovem de todos. Sua forma lembrava muito as flores de laranjeira. Seu cheiro também misturava rosas com flor de laranjeira.

Todos estavam em êxtase. Era o reencontro de almas de luz. Estavam voltando para casa.

Os portões se abriram.

Tudo reluzia amor e luz.

Harpas, pianos, porteiros com asas. Parecia a casa do amor.

Ninguém falava nem pensava. Todos se entregaram ao momento.

Ali moravam os arquitetos divinos dos planos existenciais da vida.

Muitos vieram ao encontro deles. Todos amorosos e leves. O transporte era feito por levitação. Os pés não tocavam o chão. Também, em alguns momentos, poderíamos apenas desaparecer e aparecer noutro lugar. O teletransporte era usado. Veículos de amor beneficiando corpos de puro amor.

Tomaz ficaria ali, por enquanto, estudando sua missão como Gigante de Luz, até chegar o momento de entender melhor o que havia acontecido com ele na última encarnação.

Em breve, no tempo da alma, Tomaz e Anita se reencontrariam, assim como Tomaz e sua mãe Anastácia.

Todos estavam em sintonia. Todos vibravam no mesmo ritmo. Tudo ali vibrava equilibradamente. Tudo tinha som e perfume, até as cores pareciam exalar perfume e emanar sons.

Capítulo 5
TOBIAS: O AMIGO DE UM OLHO SÓ

Tobias tinha quase a mesma idade de Tomaz. Era filho de Rita, irmã adotiva mais velha de Anastácia. Rita era filha da senhora Antonieta, que se casou com o pai de Anastácia logo que sua mãe faleceu.

Rita havia engravidado de Tobias quando já tinha quase cinquenta anos. Seu primeiro marido havia falecido repentinamente na noite de seu casamento. Caiu morto no chão, antes que a festa acabasse.

Rita permaneceu virgem por longos anos. Ela orava e pedia a Deus que lhe desse um marido que lhe aceitasse, mesmo já tendo idade avançada.

Muitos riam de Rita quando ela dizia que ainda teria um menininho em seu colo e que este seria o seu filho. Seu nome seria Tobias.

Rita, desde pequena, sonhava com um herói que não sabia quem era. Em seus sonhos, aparecia um homem usando roupas com peles de animais. Este homem tinha um grande coração. Ele alimentava quem tinha fome, erguia construções para quem não tinha teto e conduzia rebanhos para onde houvesse água. Nos sonhos, aquele homem lhe transmitia força e coragem. Ela nunca o tinha visto, mas era encantada por ele. Ela orava para que Deus, um dia, lhe desse um filho assim – um homem guerreiro e de bom coração.

Rita era uma excelente cozinheira e dona de casa. Cuidou de muitas pessoas durante a vida, principalmente de sua amada irmã emprestada, Anastácia. Para ela, Anastácia era como uma filha.

Rita não tinha mais ninguém, apenas Anastácia e Josué. Todos de sua família já haviam partido. Ela se sentia a dona do lar, na casa de Anastácia. Era ela quem providenciava todos os afazeres. Não se esquecia de que a casa não era dela, mas fazia tudo como se fosse.

Um dia, chegou ao vilarejo três homens a cavalo. Eles vestiam ponches de lã. Os cavalos eram bonitos e bem cuidados.

Os homens eram heróis de guerra. Vinham de muito longe. Buscavam animais raros e levavam aos interessados. Dificilmente voltavam em um mesmo vilarejo dentro de pouco tempo. Não tinham família, nem mulheres. Eram homens da vida, homens da guerra, homens do campo.

Um deles, Pedro, tinha um semblante muito forte – corpo esguio e musculoso, cabelos negros e grandes olhos azuis que pareciam bolitas da cor do céu. Pedro usava roupa preta, botas longas e também pretas. Seu sotaque misturava italiano, francês e espanhol.

Rita mal conseguia entendê-lo, mas tudo nele lhe chamava a atenção. Ela fascinou-se por Pedro desde o primeiro momento. Rita jamais havia se sentindo tão atraída por um homem quanto se sentiu por Pedro.

Ela sabia que aquele homem seria o pai de Tobias, o filho tão sonhado e esperado. Ela não sabia como, mas sentia, em seu coração, que aquele era o homem que lhe daria um filho.

Pedro sentia o fogo do olhar de Rita. Jamais uma mulher havia lhe olhado com tanto desejo. Ela tinha cheiro de rosas com mel. Só de olhar para seus lábios ele podia sentir o gosto daquele beijo.

A energia entre os dois era de pura volúpia. Pedro já havia estado com várias mulheres, mas nenhuma lhe fez sentir o que Rita lhe fazia. Havia uma atmosfera singular de desejo entre os dois.

Pedro não sabia como falar com Rita, e ela tinha medo de exceder-se e manchar o nome da família. Contudo, ela precisava que aquele homem tão estranho e excitante a fizesse mulher. Tantos anos de espera. Tantos anos sem nada sentir por ninguém. Ele era dela. Não havia dúvidas.

De uma forma ou de outra, ela se entregaria a ele. Seu filho estava próximo. Seu corpo de mulher madura lhe dizia que havia chegado a hora...

Noite de lua cheia. Seu corpo estava em chamas. Os cabelos, soltos como nunca ficavam. Vestia uma roupa solta, de dormir. Já era madrugada. Rita havia perdido o sono. Montou em um cavalo e saiu pelo campo.

Avistou uma fogueira e um homem sentado à sua frente. Era ele.

Seu coração disparou. Seu corpo inteiro latejou. Segurou firme as rédeas do cavalo e seguiu em frente.

Pedro avistou o cavalo de Rita. Era ela. Estava linda à luz da lua. Os longos cabelos soltos dançavam ao vento.

– Que mulher... – pensava ele.

Rita vinha enlouquecida de vontade por ele.

– Que homem... – pensava ela.

Pedro largou o violão e se levantou, ao ver que Rita se dirigia até ele. Ergueu as mãos para ajudar Rita a descer do cavalo.

Ele deita Rita no chão. Ali mesmo, à luz da lua e do fogo, entregam-se, desejam-se, enlouquecem de prazer. Um prazer que Rita jamais havia sentido. Uma mulher que Pedro jamais havia encontrado. Ele percebe a virgindade dela. Que mulher era aquela? Que deusa Deus havia lhe mandado?

Eles se amaram até ficarem saciados. Acalmaram os corpos na relva úmida pelo luar. Ambos silenciaram, entregues ao cansaço e às lembranças do que havia acontecido.

Pedro começa a falar. Rita o silencia. Sobe em seu cavalo e parte. Ele não sabe como reagir, quer aquela mulher para si. Ele a deseja como nunca desejou mulher alguma e quer que ela seja apenas dele.

Ele fica ali, mergulhado em seus pensamentos, e não percebe uma cobra se aproximar. Seu cavalo relincha, avisando-o, mas Pedro, absorvido pelos acontecimentos, não dá importância ao aviso.

A cobra venenosa lhe morde. O veneno se espalha rápido. Não há tempo de ser socorrido. Já sem forças e tomado pelo veneno da cobra, Pedro amanhece morto.

Ao saber da notícia, Rita chora, mas não se desespera. Sabia que seu destino seria criar o filho sozinha. Sua mãe havia lhe avisado sobre isso há muito tempo. Assim, ela sabia que Pedro seria o pai de seu filho e que seria um menino, assim como sabia que Pedro morreria. Sua mãe fora uma grande curandeira. Havia lhe ensinado e repassado o dom de muitas premonições. Rita sabia que tudo ficaria bem. Ela tinha fé e a certeza de que Tobias estava a caminho.

Tobias nasceu – um enorme menino. Parecia um touro desde o seu nascimento. Era o guerreiro de Rita que havia nascido. A sua profecia se cumpria. Fruto de seu amor com Pedro, feito na luz da lua e da fogueira, do encontro de uma virgem com um homem selvagem.

Tobias, apesar de forte, nascera cego do olho direito. Sua pálpebra era colada e jamais se abrira. Rita sabia que isso não impediria o filho de ser um bravo guerreiro do bem. Ela sabia que havia outros sentidos mais aguçados nele.

O menino crescera domando cavalos, colhendo e plantando junto com a família de Tomaz. Considerava-se da família. Amava a todos e morreria por eles, se fosse preciso. Era trabalhador e muito honesto. Amava suas duas mães, Rita e Anastácia. Amava o pai de Tomaz como se fosse seu.

Tobias sabia cuidar de tudo. Não era preguiçoso nem tinha medo de nada, exceto de espíritos. Ele tinha medo das muitas histórias que sua mãe contava. Ele não acreditava na vida após a morte.

Tobias jamais poderia imaginar que reencarnara com a missão de cuidar da família de Tomaz como se fosse a dele. E era isso que ele fazia instintivamente.

Capítulo 6
A PASSAGEM DE ANASTÁCIA

A dor no peito era intensa – falta de ar e desespero. Anastácia estava agitada e nervosa. Parecia que seu corpo ia cair. Algo se desprendeu dentro de si. Sentiu um forte puxão e logo seu corpo soltou-se, como se caísse.

Abriu os olhos e viu-se na cadeira de rodas, com os olhos semiabertos, o rosto muito branco e a cabeça caída para o lado. Percebeu Josué aos seus pés, chorando e tentando reanimá-la.

Josué acariciava as mãos da esposa, dizendo que a amava. Pedia amorosamente que ela não o abandonasse.

Anastácia ficou mais nervosa. Queria mostrar a Josué que estava ali. Queria mostrar-lhe que continuava ao seu lado e dizer-lhe que realmente continuávamos vivos após a morte.

Ela olhou para o sofá. Viu o corpo de Tomaz, seu filho, ensanguentado. Foi muito estranha a sensação que teve, parecia que aquele não era o seu filho, que era apenas uma casca sem brilho algum, sem energia.

Literalmente, não era mais o seu filho. Assim entendeu que, depois da morte, os espíritos mais elevados deixam totalmente o corpo físico e seguem por outros caminhos, em outros veículos existenciais de puro amor.

Tudo fica como uma casca que se desprendeu do fruto. O fruto segue o curso e a casca é jogada fora.

Anastácia ficou mais aliviada ao sentir em seu coração de mãe que seu filho mais velho não estava sofrendo e que já havia sido socorrido.

Ela não sabia explicar como, mas tinha certeza de que a providência divina estava cuidando dele. Fechou os olhos e orou. Pediu a Deus que o protegesse e o conduzisse na senda do bem. As orações de Anastácia ajudaram a aquietar Tomaz enquanto ele se recuperava em outro plano. As partículas de amor dissipadas naquela oração viajaram em busca de Tomaz, libertando-o da culpa e da preocupação inconscientes sobre a morte da mãe.

A oração chega aos lugares mais sombrios. Ela viaja no tempo e no espaço, no aqui, no agora e no mais além, aliviando dores e sofrimentos, fortificando e direcionando os que precisam. Na hora certa, ela pode ser a chave para o passo seguinte.

Neste momento, Anastácia viu dois mensageiros de caridade ao seu lado. Um homem e uma mulher com a pele mais morena. Os dois vestiam roupas brancas, tinham semblantes serenos e amistosos. Ela entendeu que eles estavam protegendo-a.

As dores e a falta de ar persistiam. Os dois mensageiros convidaram-na a seguir com eles. Anastácia disse que gostaria de ficar mais um pouco para acalmar Josué e seus filhos, que choravam desesperadamente.

Tobias estava em choque e, pela primeira vez, sentiu-se responsável por toda a família. Ele tinha de ser forte e erguer novamente aqueles amigos que estavam em sofrimento.

Atrás de Tobias, Ciro e Katarina impunham as mãos com muito amor. O rapaz era envolto por uma luz azul cintilante que percorria todo o seu corpo e girava em forma de cone em seu coração.

Anastácia pedia auxílio para o seu marido. Orava, mesmo com dor, para que os anjos o acolhessem.

Um casal de crianças fez um halo de proteção rosa em volta de Josué. O cheiro de rosas invadiu o local.

Anastácia não sabia da existência de espíritos protetores infantis. Ficou feliz, até sorriu. Ciro e Katarina, percebendo a surpresa e o alívio, sorriram também.

As pernas de Anastácia cederam novamente. Ela caiu no chão. O corpo etéreo ainda sofria da doença nas pernas que ela tinha quando viva. Por alguns momentos, ela havia se esquecido de que era paraplégica e pôde ficar de pé.

Ciro e Katarina disseram a ela que logo seu corpo seria saudável e que ela precisaria apenas ajudar.

Ciro, amorosamente, pediu à Anastácia que agora partissem, para que ela repousasse. Anastácia, enfraquecida, consentiu, mas disse que gostaria de retornar para ver a queimada de seus corpos. Naquela época e na tradição daquela família, os corpos eram queimados em uma grande fogueira.

Ciro consentiu, desde que ela se mantivesse em oração e que confiasse que todos os motivos são motivos de Deus.

Anastácia aceitou.

Todos, menos as crianças, deram as mãos, fazendo um círculo em volta de Anastácia. Eles se transportaram para um hospital de primeiros socorros em outro plano espiritual. Ali ficam desencarnados recentes e que tiveram consciência da sua morte, ou seja, perceberam que estavam mortos assim que houve o desprendimento. Todos ali sofreram a morte, mas não se revoltaram. O Lar de Passagem, como se chama o hospital que acolheu Anastácia, abriga provisoriamente os que necessitam observar o próprio enterro ou que precisam aliviar a dor de seus entes queridos.

Ela ficou adormecida sobre uma cama com lençóis brancos. Um soro líquido passava por suas veias. Um casal de mensageiros resguardava seu sono e emitia luzes de amor para o corpo que descansava.

Podia-se ouvir o entoar de orações misericordiosas. Ouvia-se um choro baixinho de alguns desencarnados recentes que lamentavam a dor de familiares, mas que não se revoltavam por terem morrido.

No Lar de Passagem, tudo estava sob controle. Todos que ali se encontravam já haviam sido pré-avaliados pelos amparadores espirituais, portanto, não havia espíritos fujões.

Anastácia precisava, devido a memórias de desencarnes passados, assistir ao seu enterro. Como já foi dito, nada é por acaso. Não era apenas um desejo dela – mal sabia que, era, sim, uma necessidade espiritual sua.

Ela ficou ali o tempo suficiente para se sentir mais forte. Depois, acordou serenamente, com todas as lembranças em seu pensamento, pois não haviam retirado suas memórias. Ela sabia o que havia acontecido.

Ciro e Katarina já estavam de volta. Plasmaram uma cadeira de rodas para Anastácia, assim como trocaram suas roupas por um roupão branco e cheiroso. Os cabelos também estavam mais limpos e sedosos.

Oraram em voz alta. A oração entrava no coração de Anastácia como um remédio. Ela se sentia cada vez mais calma e tranquila.

Quando abriu os olhos, uma senhora, com um lindo coque no cabelo e uma túnica branca, estava ao seu lado, com as mãos sobre as suas mãos.

As duas se olharam. A senhora sorriu e chorou ao chamar Anastácia de "minha filha".

Sem mais palavras, apenas com a voz do coração e com um intenso abraço de corpos que estão no mesmo plano, mãe e filha se abraçaram pela primeira vez.

As duas choraram e se entregaram uma a outra. Mãe e filha se reencontrando no mais além. O amor que mantiveram ali se fortificava. As duas suspiravam de alegria. Enquanto isso, os amparadores e mensageiros entoavam orações de amor e misericórdia para aquele momento.

Anastácia dizia à sua mãe que ela era exatamente como tinha imaginado. A mãe disse que muitos de nós, quando estamos encarnados, não podemos ver a imagem visual de um espírito, mas podemos formar a sua imagem emocional ou mental. Quando ativamos os nossos centros de leitura e visão em nosso ser, o ver, o visualizar e o sentir são a mesma coisa. Muitas pessoas anseiam muito por ver os espíritos, mas não sabem que já os veem por meio do coração. A única diferença entre imagem real, a que se vê com os olhos "físicos", e a imagem vibracional, a que se vê com os "olhos do coração" é a frequência e a densidade que possuem.

Era hora de seguir.

Eva convidou Anastácia a sentar na cadeira de rodas. Ela ainda estava tonta e um pouco fraca, mas já se sentia melhor. Algumas coisas ainda estavam confusas em sua cabeça, mas confiava em sua mãe.

Ela estava muito feliz por sua mãe ter vindo encontrá-la. Isso, unido aos demais cuidados que recebera, garantia que Tomaz também estava sendo cuidado e que, um dia, ela reencontraria os filhos e o marido.

Eva ajeitou Anastácia na cadeira de rodas. Os amparadores e os mensageiros formaram um novo círculo com as mãos dadas em volta dela e transportaram-se até o momento do velório de Tomaz e Anastácia.

Todos estavam de preto. Tomaz e Anastácia estavam em um único caixão. Mãe e filho, um ao lado do outro.

Todos se despediam deles com muita emoção e saudade. Os dois foram pessoas de confiança naquele vilarejo. Eles curavam e amavam a todos.

Muitas rosas foram colocadas sobre o caixão. Muitas orações de agradecimento e de encaminhamento foram feitas por aqueles corações encarnados.

Tobias não saía do lado de Josué. Para ele, aquele senhor, ali, sentado, era muito mais do que um pai, era um grande amigo e companheiro.

Tobias jamais conhecera seu pai biológico. Fora criado com amor por Josué como se fosse seu filho.

Cada vez mais, Tobias sentia-se responsável por todos.

Os irmãos de Tomaz, filhos de Anastácia, já não tinham forças, de tanto chorar. Os dois estavam em volta do pai e do irmão Tobias.

Josué estava inconformado. Sofria com a perda do filho, mas sentia como se tivessem levado a própria alma com a perda da mulher. Ele amava Anastácia acima de tudo. Ela era seu chão, sua força e sua vida. Acreditava que não teria forças para continuar a viver sem a mulher amada.

Anastácia, de mãos dadas com a mãe Eva, assistia a tudo aquilo. As dores e a falta de ar voltaram aos poucos. Ela estava muito emocionada. Seu coração sensível pôde sentir o amor que todo o vilarejo tinha por ela. Ao mesmo tempo, sentiu-se tranquila por ter passado a vida ajudando aos outros.

Havia muita gente ali e todos dirigiam orações que Anastácia podia ouvir e sentir em seu coração. As orações dos amigos fortificavam-na e a mantinham lúcida para assistir àquele momento.

Ela temia que seu marido cometesse alguma loucura. Ela sabia de suas fraquezas pessoais. Temia, também, que os filhos ficassem desamparados.

Eva apertava a mão de Anastácia em um gesto de carinho e dizia amorosamente que todos seriam cuidados como se ela estivesse os cuidando.

A mãe dizia que agora era o momento de Anastácia apenas observar. Que ela confiasse nos amparadores espirituais que estão a serviço dos encarnados no amor e na dor.

Anastácia confiava, mas ver o marido e filhos sofrer lhe doía e aumentava a falta de ar. As pernas ficavam fracas e a tontura tomava conta de seu corpo.

O caixão estava em chamas. De repente, tudo sossegou. Todos se foram. Ficaram apenas Josué, Tobias e os dois filhos.

Eva acenou com a cabeça que era hora, pelo menos por agora, de Anastácia se despedir dos seus.

Chegaram perto deles. Um círculo de amor foi feito em volta daquela família. Encarnados e desencarnados receberam luz.

Anastácia desmaiou e foi levada novamente ao centro de reabilitação, só que, desta vez, no Lar dos Limoeiros.

Este Lar cheirava a capim-limão, capim-cidró. Sentia-se um aroma cítrico no ar. Lá ficavam pessoas que aceitavam a morte, mas que tinham problemas respiratórios, cardiovasculares e musculares.

Anastácia foi acomodada em um leito com lençóis verdes. Tudo cheirava bem e era muito limpo.

Uma senhora chamada Rita cuidava incessantemente de Anastácia. Trocava lençóis e as roupas, energizava a água e verificava as trocas de turnos dos amparadores.

Eva ia várias vezes àquele quarto, e sempre entoava orações com muito amor para a filha.

No Lar dos Limoeiros havia muitas crianças. As meninas estavam com sainhas rodadas de cor branca e os meninos com bermudinhas também brancas. Orações em forma de cantigas de roda eram entoadas constantemente. Ouvia-se muito riso e alegria. Era tudo que Anastácia precisava naquele momento. Precisava renovar-se.

De vez em quando Anastácia acordava, mas na maior parte do tempo dormia, sendo energizada pelos amigos espirituais. Algumas vezes, Eva pegou-a acordada, daí puderam conversar sobre as várias fases da infância de Anastácia que Eva havia acompanhado, mesmo estando desencarnada.

Maria Rita, que zelava por Anastácia, fora uma grande amiga de sua mãe. Ela era parteira e foi ela quem fez o parto de Eva quando Anastácia nasceu.

Maria Rita era bem mais velha. Morreu alguns anos depois do nascimento de Anastácia, e também morte de Eva. Por muito tempo ela sentiu-se culpada por ter perdido a grande amiga. Só havia aliviado seu coração e se libertado da culpa que sentia no além-túmulo.

Maria Rita e Anastácia ficaram grandes amigas. A cada dia que passava faziam mais e mais caminhadas no Lar dos Limoeiros.

Anastácia foi, aos poucos, se familiarizando com todos e com a rotina. Passou a amar o local onde morava e já se sentia em casa.

No entanto, de vez quando, percebia que o sono que sentia era intenso e repentino. Muitas vezes, estava ao lado de Maria Rita ou de Eva passeando e, quando se dava conta, despertava em seu quarto e em sua cama.

Anastácia, mesmo confiando, ficou intrigada com aquilo. Resolveu perguntar à Maria Rita se ela percebera algo. Maria Rita orou baixinho e pediu que Anastácia tivesse calma que tudo se resolveria na hora certa.

Anastácia sentiu uma pontada no peito. Percebeu que algo estava acontecendo. Uma luz lilás invadiu o quarto. Damião, Eva, Ciro e Katarina adentraram juntos naquele ambiente.

Eva pegou as mãos de Anastácia, pediu que ela confiasse e que apenas fechasse os olhos. Mesmo com os olhos fechados, Anastácia percebeu que uma grande tela se abriu à sua frente. Nela, aparecia Josué entregue ao álcool. Bebia constantemente, era sugado energeticamente por criaturas sedentas pela bebida. Estava obsediado de todas as formas. Mal sabia quem ele era. Andava pelo vilarejo alcoolizado e caindo pelos cantos. Não ouvia nada nem ninguém. Alimentava-se pouco. Seu alimento era a bebida fermentada e de alto teor alcoólico. Havia envelhecido uns 30 anos nos apenas 10 anos terrenos que se passaram.

Ele não estava aguentando a dor e o sofrimento pela perda da esposa. Havia largado tudo, inclusive os filhos, que se casaram e deram a Josué netos que ele não conhecia. Ele se largou no mundo como um indigente.

Tobias nunca o largou de mão. Procurava-o todos os dias. Dava um jeito de deixar ao seu lado comida, água e agasalho para que ele não ficasse tão mal. Mas Josué, quando o via, o escorraçava e o xingava com as piores palavras possíveis.

Josué havia enlouquecido totalmente. Ele queria morrer e se encontrar com a esposa.

As muitas vezes que Anastácia fora adormecida durante os passeios, era porque Josué estava com o pensamento voltado para ela, mandando que o buscasse, implorando pela morte. Tais pensamentos tinham um teor energético vampiresco que sugava Anastácia. Assim, os mentores a adormeciam até que ela estivesse mais forte para poder tomar consciência do que acontecia.

Ele gritava:

– Onde estás, mulher minha, que não me buscas? Será que te refugias nos braços de outro homem, vagabunda minha? Outro varão te cobres? Apareça, prostituta dos infernos.

Por anos e anos, ele repetia palavras de baixo calão. Em vez de amor, ele alimentou grande ódio por Anastácia ter morrido e por ela o ter deixado vivo.

O ciúme tomou conta dele. Josué, na verdade, sempre sentiu que Anastácia amava muito mais o filho do que ele.

Josué sempre tentou esconder, mas morria de ciúmes da relação da esposa e com o filho, Tomaz. Por isso, costumava deixá-lo de lado e dava mais atenção aos outros dois filhos.

Tomaz, com seu coração puro, nunca havia notado, mas Anastácia percebia claramente. Isso a entristecia, mas ela orava, pedindo perdão a Deus pelos sentimentos do marido.

Josué, muitas vezes, bebia escondido. Anastácia, porém, sabia e repreendia-o. Josué baixava a cabeça e obedecia à mulher. Assim eles foram levando a vida de casal. Uma vida cheia de amor, pois Anastácia só transmitia amor e paz.

Josué alimentou em sua existência ciúmes da esposa e competição com ela. Com a morte de Anastácia e de Tomaz, na verdade, Josué perdeu os motivos que alimentavam sua vida. Ele perdeu o incentivo de seus dias. Mal sabia ele que amava tanto o filho quanto a esposa.

Capítulo 7
A SUBMISSÃO DE LORENZO. A CULPA QUE CARREGOU DURANTE SUA EXISTÊNCIA

Lorenzo fora criado pela irmã, Ana. Tivera uma infância difícil, mas honesta e cheia de atenção, de carinhos e de cuidados por parte da irmã, a qual ele chamava de mãe.

Na tentativa de se tornar uma pessoa importante na sociedade, assim como levado pela paixão inesperada por Katharine, casou-se com a linda jovem, mas perdeu totalmente seus valores e sua autenticidade.

Katharine era herdeira de uma grande fortuna. No entanto, usufruiria dela somente quando se casasse.

Ela também se apaixonou por Lorenzo logo que se conheceram, mas deixou claro a ele, desde o início, que ele seria seu servo e que, em troca, ela lhe daria prestígio, fama e dinheiro.

Lorenzo, embriagado por seus desejos, aceitou, e então se casaram.

Lorenzo jamais falou de sua origem para a esposa. Tinha medo de que o governo local descobrisse sua origem e maltratasse sua família. Afinal, seus ideais de liberdade e igualdade eram demasiado despojados para a época.

Acabou mentindo que era órfão de pai e mãe. Criou uma nova identidade existencial. Manteve apenas seu nome Lorenzo, porque este era herança de seu pai, o qual ele amava e admirava muito.

Aos poucos, Lorenzo foi esquecendo-se de sua simplicidade. Sua vida fora perdendo o brilho e a vivacidade. As coisas simples que antes o faziam feliz deram lugar ao luxo, às festas e às mentiras sociais.

Katherine dominava-o totalmente. Humilhava-o diariamente, dizendo que tudo o que tinham era dela. Lorenzo entregava-se à tristeza e ao isolamento. Ele amava a esposa, mesmo com sua intempestividade.

O tempo passou e Lorenzo nunca procurou saber como estava sua família. Ele estava ocupado demais com a fortuna e com o sucesso para pensar no passado. Vez ou outra, quando estava muito triste ou havia sido muito humilhado por Katharine, orava pelos seus entes e se perguntava como estariam.

Katharine teve sua primeira filha, logo após ter casado com Lorenzo. Seu nome era Marceli. Uma menina linda, com traços fortes herdados da mãe.

Alguns anos depois, veio Anita. Ela era muito parecida com o pai. Lorenzo identificava-se totalmente com a filha. Passava horas e horas em companhia de Anita. Já Marceli impedia-o de se aproximar. Parecia não ter afeto nem pela mãe, nem pelo pai. Ela era diferente e muito independente.

Anita fazia Lorenzo se sentir verdadeiro. Katharine sentia ciúmes da relação de Lorenzo com Anita.

Katharine afirmava que ter as filhas por perto a fazia se sentir muito velha, e não gostava disso. Por esse e por tantos outros motivos, Marceli saiu de casa cedo, foi morar em outro país.

O quarto de Anita era bem afastado do quarto dos pais.

A relação entre mãe e filha era servil, apenas isso. Anita servia à mãe carinhosamente, quando esta a chamava.

Anita amava a todos naquela casa. Era uma menina alegre e doce. Vivia empoleirada no colo do pai e dos criados da casa. No entanto, fugia e se escondia da mãe quando esta passava por perto. Ela sentia o cheiro do seu perfume e o barulho do pesado vestido que roçava pelos móveis da casa, assim como o barulho do salto de seu sapato no assoalho. Anita sabia que a mãe não aceitaria suas brincadeiras.

As festas eram costumeiras na casa daquela família. Era gente que ia e que vinha. Anita detestava tudo aquilo. Sua mãe não deixava que ela participasse de nada, pois ela deveria ficar no quarto estudando, já que havia sido prometida a ser freira.

O marido, mesmo não concordando com a promessa da esposa, era impotente diante disso. O que havia sido prometido deveria ser cumprido.

Lorenzo viajava muito. Era um devoto da política local. O dinheiro havia comprado um lugar ilustre para ele, dentre os outros tantos políticos daquele país.

Enquanto Lorenzo ajeitava seus apetrechos para seguir viagem, Anita o rodeava, saltitante. Ela enchia o pai de vida quando estava por perto.

Lorenzo percebia que ela queria lhe contar algo, mas estava atrasado e envolto em pensamentos para o próximo discurso.

Anita beijava a testa de Lorenzo e rodopiava pelo quarto. Cantarolava o nome de Tomaz bem baixinho. O pai sentia-se feliz porque a filha estava feliz, mas não atentou para o que estava acontecendo.

Malas prontas e Lorenzo para um minuto. Senta na poltrona do quarto. A filha senta em seu colo. Os dois se olham e sorriem. Anita diz ao pai que, na volta de sua viagem, lhe contará algo de extrema importância e antecipa que está muito feliz. O pai, também feliz, promete que a ouvirá com todo o carinho que merece e antecipa que também precisa contar algo à filha.

Lorenzo queria contar-lhe da família que deixou para trás. Quanto mais Anita crescia, mais parecida ela ficava com Ana, mãe/

irmã de Lorenzo. Anita alimentava sua fome de alegria e de humildade, como a família do pai.

Anita era ele. Ele era Anita. Ele voltara a rezar – pedia que reencontrasse dentro dele o que via dentro da filha.

Ele amava a esposa, mas não queria mais aquela vida de escravo. Queria ganhar o próprio dinheiro para poder pagar a Katharine tudo o que ela tinha gasto com ele. Só assim sua integridade voltaria. Só assim iria se sentir um homem de verdade e com direitos de marido e de pai. Ele reverteria a situação e tudo seria diferente.

Pai e filha despediram-se. Eles não imaginavam que aquele dia marcaria para sempre suas vidas.

Ele seguiria em viagem por alguns meses, talvez por mais de um ano. Anita beijava e beijava incansavelmente o pai, desejando-lhe tudo de bom e cobrando a promessa de que, na volta, conversariam muito e passeariam a cavalo juntos.

Lorenzo visitou várias cidades da França. Buscou o sucesso e o dinheiro com fervor. Soube, por carta de Katharine, que Anita havia ido antecipadamente, e por vontade própria, para o convento. Como estava alheio a tudo, de nada desconfiou, apenas consentiu, sem reclamar.

Muito tempo se passou até Lorenzo voltar. A exaustiva viagem durou quase cinco anos. Tudo havia mudado. A casa não era mais a mesma. Tudo estava sombrio e triste. Não havia mais o cantarolar de Anita, nem as reclamações de Katharine. Tudo parecia estar sem vida.

Lorenzo chegou com poder, fama e dinheiro, mas perdeu a família para a vida.

Katharine, embriagada no ódio e na desilusão, estava entregue ao álcool. Ela havia jogado fora muitos de seus bens. Lorenzo tentava se aproximar e dizer que a amava, que agora tinha dinheiro e que poderiam ser felizes, mas era tarde demais. Katharine não ouvia e ainda ameaçava-o, dizendo que, se Lorenzo procurasse a família que deixou para trás, ela o entregaria para o governo local. Na verdade,

Katharine sabia desde o início da mentira de Lorenzo – ela sabia, inclusive, detalhes sobre aquela família.

Lorenzo ficou inerte, sem saber o que fazer. Não podia visitar a filha, pois não era permitida a entrada de homens no convento. Não podia procurar sua família verdadeira, pois poderia ser preso e ainda arriscar a vida deles.

Mais de dez anos se passaram quando Lorenzo pôde rever a filha, agora mulher. Suas lágrimas rolaram pelo tempo perdido.

Sentia-se culpado por não estar presente quando a filha foi para o convento. Sentia-se culpado por ter abandonado a mulher e por praticamente não tratar Marceli como filha. Mais tarde, ele soube que ela não era sua filha de sangue. Marceli era filha do capataz da propriedade que havia abusado de Katharine, em troca de favores, antes de mesmo do casamento de Lorenzo e Katharine.

Anita acabara de chegar para visitar a família. Katharine mal cumprimentou a filha e fechou-se no quarto. Lorenzo sentia doer-lhe na alma o amargor da esposa e a tristeza da filha.

Lorenzo e Anita foram passear nos jardins. Os cavalos estavam encilhados. Somente agora o passeio prometido anos atrás seria realizado.

Durante o passeio, chegaram próximo do lugar onde Anita e Tomaz haviam se entregado. Anita caiu aos prantos. O pai pediu que ela abrisse seu coração.

Ela contou tudo, por horas a fio, sem esquecer um só momento. O pai enrijeceu-se de remorso e de dor. Jamais imaginou que tudo isso havia ocorrido com sua amada filha.

Lorenzo prometeu que encontraria Eva. Perguntou se a filha gostaria de sair do convento e ela disse-lhe que amava o que fazia.

Anita contou-lhe, também, do ocorrido com Tomaz, que ela ficou sabendo anos atrás por carta de sua melhor amiga.

Anita suspeitava da morte do rapaz porque o sentia em sonhos e, neles, eles conversavam várias vezes. Ela, porém, não tinha certeza se tais conversas eram sonhos ou se eram realidade.

Pai e filha trocaram confidências. Lorenzo contou sobre as ameaças da esposa e sobre sua fraqueza não procurar sua família. Anita aconselhou-o com muito amor.

Enquanto isso, Katharine enforcava-se em seu quarto. Não havia aguentado o peso de suas maldades. Ano após ano, ela se cobrava pelo que havia feito com a filha e com o rapaz, além do modo pelo qual tratava o marido.

Vários espíritos maldosos sugavam Katharine e a induziam a fazer mais e mais coisas erradas. Certa vez, acompanhada por seres inferiores, chamou Olavo e, envolvendo-o em sedução, envenenou-o com o ódio que sentia dele, a quem se entrego virgem em troca de favores.

Katherine odiava a tudo e a todos por ser infeliz. Odiava o amor que sentia pela filha Anita e pelo marido. Era uma sofredora. Não aguentou tudo isso e se suicidou.

Na volta do passeio, quando chegavam em casa, Lorenzo e Anita viram a correria dos criados e souberam da morte de Katharine.

Lorenzo chorou e sentiu-se culpado por não ter dado atenção à esposa. Passou um filme em diante de seus olhos, e só então ele se deu conta do próprio egoísmo e sentiu o peso do abandono que causou à família em virtude da busca pelo poder.

O enterro de Katharine foi solitário. Apenas Anita e o pai – nem os criados participaram. Marceli não fora avisada. Parecia não fazer parte da família.

Lorenzo não cabia em si de tanta tristeza. De repente, percebeu o homem egoísta e insensível que havia se tornado.

Na noite após o enterro de Katharine, Lorenzo pegou o livro sagrado em suas mãos. Leu alguns trechos atentamente e entregou-se a Deus pedindo auxílio.

Lorenzo ajoelhou-se naquela enorme sala que, para ele, agora, parecia um mausoléu. Orou, pedindo forças para mudar seus hábitos e equilíbrio para consertar a sua vida. Entregou seus dias, seus últimos dias, assim ele chamou, a Deus. Jurou fidelidade. Jurou amar ao próximo e ajudar a humanidade incansavelmente.

E assim passaram-se os dias de Lorenzo.

Tornou-se um amante da vida e de todos os seres vivos. Passou a ajudar os idosos. Fazia visitas a eles, levava mantimentos e carinho. Ouvia-os sem pressa. Tornara-se um político do povo.

Projetava na sociedade novos questionamentos sociais. Encarava o alcoolismo como doença e não como apenas uma fraqueza. Versava sobre a gravidez inesperada e antes do casamento. Aconselhava jovens a não doarem os filhos.

Montou uma casa de aconselhamento a mães solteiras que na época eram discriminadas e rechaçadas pela sociedade. Tornou-se um verdadeiro conselheiro das pessoas.

Conversava com Anita por cartas. Os dois se auxiliavam – ele os projetos dela e ela os projetos dele, ela no contexto religioso e ele no contexto social. Pai e filha se completavam.

Lorenzo era incansável. Procurava incessantemente por sua família, mas nunca a encontrou. Ana havia mudado de nome, na época da fuga de Lorenzo. A família havia se mudado para um vilarejo muito distante daquele em que morava com Lorenzo. Encontrar os familiares tornava-se impossível.

Lorenzo tinha pesadelos. Via Katharine como uma vampira, sugando-lhe a alma. Ele acordava suado e trêmulo. Ajoelhava-se e orava por ele e por Katharine, apesar de não acreditar em vida após a morte.

Ele era um incansável trabalhador do aqui e do agora. Para ele, não havia antes e depois, e sim o instante, o presente. Escreveu muito sobre isso. Escreveu sobre mudanças comportamentais necessárias para a época, mudanças de padrões já ultrapassados e discriminatórios.

Quanto mais trabalhava, mais culpa e dor ele sentia em seu peito – culpa pela morte da esposa e pela adoção da neta, assim como pelo abandono de Anita.

Lorenzo desmaiava com frequência, devido às dores fortes que sentia no peito. Inesperadamente, elas vinham e derrubavam Lorenzo por vários dias. Perdia a força física. Sentia tontura, frio e ânsia de vômito.

Mal sabia ele que, nesses momentos, Katharine estava por perto, sugando suas energias. Cada vez que ele estava próximo de encontrar Eva, Katharine interferia com sua força psicofísica, absorvendo as energias e deixando-o doente. Ela não queria que ele encontrasse a neta. Ela odiava a filha e a neta, assim como tudo que viesse dele. Ela amava apenas Marceli.

Lorenzo seguiu com seus projetos e buscando seus amores. Conseguiu limpar seu coração. Aprendeu a ouvir os outros no momento certo. Olhava claramente nos olhos das pessoas. Não julgava ninguém. Distribuía amor a tudo e a todos. Até o dia em que caiu daquela escada e tudo se esclareceu um pouco mais.

Capítulo 8
A escolha de Marceli

Marceli nascera em um final de tarde muito frio. Era inverno na Europa. O frio chegava a doer nos ossos das pessoas.

Katharine tivera um parto tranquilo. Deu à luz a menina rapidamente. Sentiu as dores e, em seguida, a bolsa rompeu, trazendo consigo a pequena e branquinha, Marceli.

Katharine não quis ver a filha por longo tempo. Jamais cedeu o seio para que a menina se alimentasse e não a aqueceu em seu colo de mãe. Rejeitou-a desde o começo da gravidez.

Lorenzo não entendia o porquê da rejeição de Katharine à filha, mas como era submisso à esposa, deixou que o tempo e que os criados cuidassem da menina.

Por inúmeras vezes, ele tentou que Katharine acarinhasse Marceli. Em várias conversas, tocava no nome da filha com carinho, na tentativa de evocar o lado mãe de Katharine. Todas as tentativas foram frustradas. Ora Katharine se irritava, ora ignorava.

Quando Anita nasceu, Lorenzo desligou-se completamente de Marceli. No fundo, sentia que ela não era sua filha. A política, o amor que tinha por Anita e a ganância de acertar as contas com Katharine o faziam viver em um mundo em que não havia espaço para Marceli.

A menina era muito fraquinha. A pele era tão clara que o mosaico de suas veias transparecia sobre a pele. Os cabelos eram de um ruivo quase vermelho, os lábios bem sinuosos. Marceli foi crescendo com a mesma fisionomia e o mesmo aspecto frágil e doente.

Ela tinha fortes dores na cabeça. Vomitava frequentemente. Passava a maior parte do tempo em seu quarto, que era na casa dos fundos – na mesma residência em que Olavo morava com sua família. Maria, a esposa de Olavo, cuidara de Marceli como uma filha. Amava-a demais e odiava Katharine por tudo o que ela era.

Olavo também amava Marceli. Amava-a como filha, mas sua ignorância não o permitia suspeitar que ela fosse sua filha de sangue.

Seguidamente, os médicos vinham até a casa de Olavo para socorrer Marceli. Ela tinha apagões de memória e, por muitas vezes, ficara dias inconsciente na cama. Eram colocadas sondas, para que ela não desnutrisse seu corpo, já muito enfermo.

Marceli sofria com suores noturnos e intrigantes pesadelos. Neles, ela era uma mulher poderosa, forte e que se aproveitava das pessoas que pediam a sua ajuda. Ela mentia, roubava dinheiro e envenenava.

Ela tinha vários pesadelos em que sua mãe Katharine e seu pai Olavo (sem que ela soubesse a verdade sobre sua paternidade) eram humilhados em público por ela. Marceli se via arrancando os dentes da própria mãe e o pênis do próprio pai.

Ela acordava atônita, nervosa e gritando sem parar. A esposa de Olavo sabia que Marceli tinha uma mediunidade avançada, porque isso também acontecia com ela. Maria não tinha problemas mentais, como imaginava a maioria das pessoas, ela apenas era portadora de uma alta mediunidade, o que ainda soava estranho para as pessoas da época. Ela permitia que vários espíritos que queriam conversar com o mundo dos vivos entrassem em seu corpo. Maria foi entendendo isso aos poucos. Foram os amparadores espirituais que, em sonhos, foram curando Maria, ou seja, foram mostrando para ela que tais sensações eram apenas energias sutis, espirituais, e não doenças mentais.

Ciro e Katarina frequentemente visitavam Maria. Aconselhavam-na com muito amor e, aos poucos, ela foi desenvolvendo sua mediunidade e ajudando muitas pessoas sem que o marido soubesse.

Maria amava, também, Anita como sua própria filha. Ela ensinava a menina a orar e a cantar. Ela fazia as irmãs, mesmo com grande diferença de idade se amarem. Maria tinha um amor tão grande dentro de si, que este amor transbordava por onde ela passasse.

Olavo maltratava a esposa. Usava-a de todas as formas. Humilhava-a, mas ela perdoava-o com seu doce coração. Apesar de tudo, ele era, naquela existência, seu marido, e sua espiritualidade permitia que respeitasse-o.

Maria fugia por horas com a pequena Anita, ensinando-a a cavalgar. Fora ela quem a ensinara a conversar com as borboletas e a libertá-las.

Marceli piorara muito de saúde. Estava fraca e muito debilitada. Maria se preocupava com a filha de coração. Ajoelhou-se em seu quarto, pedindo auxílio aos seus mentores. Ciro e Katarina já estavam ao seu lado, orando junto àquela senhora nervosa.

Maria entendeu que teria que sentar em um lugar confortável. Ciro e Katarina intuíram a Maria os dons da meditação. Ela fechou os olhos e sentiu-se viajar. Sentiu que, dentro de si, algo voava. Percebeu que um corpo, parecido com o seu, de cor dourada, viajava por lindos caminhos jamais vistos. Lá, encontrou outras pessoas e elas lhe mostraram, por meio de sinais, que Marceli precisava de sangue de outra pessoa. Disseram que Marceli tinha uma doença genética e que o sangue dela precisava ser reposto, de tempos em tempos.

Maria retornou ao seu estado normal, feliz e triste ao mesmo tempo. Percebeu que a doença de Marceli era grave. Chamou Olavo e pediu que este concedesse que ela viajasse com Marceli para a Inglaterra. Somente lá haveria cura para Marceli. A mulher pediu de tal forma, e com tanto amor, que Olavo consentiu, avisando que antes falaria com Dona Katharine, porque ela era a mãe de Marceli.

Olavo também temia pela doença da menina, que ele também amava. Aliás, Marceli fora a única pessoa que Olavo amou mais do que tudo. Com ela, ele conseguia se desprender de seu egoísmo e deixar que seu coração falasse.

Todas as noites, quando chegava em casa, Olavo beijava Marceli na testa e desejava tudo de bom para ela. A menina também o amava. Era seu pai de coração, assim como Maria era sua mãe de coração.

Marceli já tinha 21 anos. A doença agravava-se. O médico local acompanhou Marceli e Maria até a Inglaterra.

Frederico era um médico muito conceituado no vilarejo. Havia se formado em Medicina cedo e amava o que fazia. Era atencioso e carinhoso com os pacientes, em especial com Marceli, que já era a dona de seu coração.

Frederico fora incansável no tratamento de Marceli. Fazia tudo com amor profissional e também com o amor que sentia pela jovem e bela moça. Ele tinha apenas 30 anos e já era um grande homem.

Frederico, assim como Maria, também tinha dons espirituais. Via e falava com os espíritos. Era doutrinado por eles. Seu coração puro o fazia ir pelos caminhos certos e bons daquela existência.

Ele sabia que tinha de ajudar Marceli a fortificar-se e que, além da doença genética, Marceli era atacada por malignas criaturas vampirescas do além-túmulo.

Em vidas passadas, Marceli havia feito pactos sanguíneos com aquelas criaturas e, nesta existência, elas vinham cobrar o que Marceli lhes devia.

A viagem se fez. Marceli, Maria e Frederico chegaram à Inglaterra – o berço da ciência moderna. Ali, poderiam salvar Marceli.

Foram dias e mais dias de viagem. Frederico e Maria aumentaram sua amizade e desenvolveram um túnel de proteção psicofísica para Marceli.

Maria e Frederico trocaram experiências evolutivas e sensitivas.

Meditaram todos os dias, fortificando, assim, suas forças internas, atingindo, também, a Marceli.

Marceli já chegara com outra fisionomia na Inglaterra, mais forte e mais bonita. Sua fome havia voltado, e sua vontade de viver, também.

Na viagem, a jovem apaixonara-se por Frederico. Antes, jamais o havia visto como homem. Para ela, ele era simplesmente o Dr. Frederico. Agora, ele era muito mais. Ele era o seu amor, o seu Frederico.

Maria percebeu o enlace dos dois. Vibrava e orava pela união deles. Sentia que Marceli ficaria curada e que ainda seria muito feliz ao lado de Frederico. Sua intuição não falhava. Sabia que estavam no caminho certo.

O amor dos três aumentava a cada dia. Instalaram-se em um vilarejo muito bom. Ali, as pessoas cuidavam umas das outras e elegeram Frederico como o médico amigo daquele local.

Fixaram residência. Marceli recebeu tratamento adequado para a sua rara doença – ela era hemofílica. Recuperou-se e tornou-se uma linda e sábia mulher. Ela encantava a todos com sua beleza externa e com a pureza de seu coração.

Casou-se muito cedo com Frederico e entregou-se aos estudos de medicina, assim como seu marido. Maria nunca mais voltou para a fazenda. Vez ou outra, dava a desculpa de que não poderia voltar porque tinha que cuidar de Marceli.

Marceli e Frederico não poderiam ter filhos, devido à doença dela. Isso, no entanto, não era motivo de tristeza para eles, já que viviam rodeados pelas crianças do vilarejo.

Maria e Frederico, com suas ideias avançadas para a época e com seus corações puros e vibrantes, criaram um centro de atendimento espiritual. Ali, trabalhavam amorosa e caridosamente para o bem do próximo.

Havia, também, uma escolinha sobre espiritualidade naquele local. Ensinavam meditação, reencarnação e vida após a morte. Eles recebiam recados do além-túmulo e acalmavam vários corações aflitos pelas dúvidas e saudades de seus entes queridos.

Marceli conseguiu perdoar e pedir perdão aos vários espíritos sugadores que a rodeavam. Ela aprendeu a amá-los e a respeitá-los. Sabia que eles se aproximavam porque ela tinha uma porta aberta. Aos poucos, conseguiu limpar este caminho tortuoso que os fazia sofrer e persistir no erro e transformou-o em um caminho cheio de lindas rosas, de todas as cores. O cheiro e a beleza delas eram estonteantes e atraíam os espíritos ainda perdidos. Ali, eles eram alimentados, amados e, sem que percebessem, já estavam sendo socorridos por um plano mais elevado.

A pureza e a devoção de Marceli eram tão grandes que conseguiu construir o Lar de Passagem e o Lar das Rosas dentro de si. Nesses lares, ela deu abrigo, comida, água, e sanou as dores daqueles que, um dia, ela havia amaldiçoado ou prejudicado.

Marceli amava todos aqueles que a sugavam ou que se aproximavam para tentar sugá-la. Ela entendia que os havia feito sofrer anteriormente, e que até mesmo desencaminhou alguns. Ela ajoelhava-se a cada um deles. Pedia perdão e abria a porta do Jardim das Rosas para que eles tivessem a chance de recomeçar.

Frederico via tudo o que acontecia no Lar das Rosas. Ele tinha clarividência e ficava encantado com as maravilhas que sua esposa fazia, unida aos vários amparadores do amor que ali estavam.

Maria, Marceli e Frederico construíram um mundo de resgate espiritual e amor. Frederico desenvolveu-se além do normal na Medicina, pois uniu a técnica física às vivências espirituais. Matéria e antimatéria vibrando na mesma direção, a união dos polos positivos e negativos, o bem e o mal vibrando em uma única sintonia, a do perdão, a compreensão de nossas vidas passadas e o amor ao nosso próximo – um mundo à parte se fez.

Capítulo 9
KATHARINE E SUAS TORTURAS MENTAIS

Katharine fora órfã de pai e Mãe. Ela tinha apenas sete anos quando seus pais morreram. Fora criada pelo Sr. Olavo, homem de confiança de seu pai.

Olavo e Armando, pai de Katharine, eram extremamente amigos desde a infância. Ambos vinham de famílias muito pobres, mas Armando ganhara prestígio político e enriquecera por meio de alguns inventos que criara.

Armando era um homem bom e hospitaleiro. Trouxe para seu Lar o grande amigo Olavo. Este já tinha mulher, que estava grávida do seu primeiro filho ou filha. A situação financeira do casal era caótica. A mulher tinha problemas mentais que haviam se agravado durante a gravidez. Armando teve pena e quis ajudar o amigo, dando-lhe casa e trabalho.

A fortuna de Armando crescia cada vez mais. Ele era um excelente investidor e tinha uma visão inovadora para os negócios.

Olavo era seu braço direito nos trabalhos pesados, pois, para mexer com negócios mais sutis, ele não tinha instrução, tampouco conhecimento.

Armando lhe colocou à frente de tudo o que podia e ajudou-lhe em tudo o que estava a seu alcance. Olavo, porém, era ambicioso e desejava não só o que o amigo lhe dava, mas também tudo o que o amigo tinha, até mesmo sua vida e sua família.

Em pouco tempo, Armando casou com Judith, uma mulher encantadora. Tiveram Katharine em poucos meses de casados.

Armando amava sua família e todos que ali moravam. Ele era um homem alegre e encantador. Amava festas e música. Sua casa e sua mesa estavam sempre cheias de tudo o que havia de melhor. Ele não poupava para a família, nem para os amigos.

Judith também era uma mulher esplendorosa – boa esposa e excelente patroa. Amava o marido e admirava-o mais do que tudo.

Apesar de Judith não ter estudado, ela era uma mulher muito inteligente e grande entendida de plantações e de cuidados com os animais. Ela amava tudo que fosse relacionado à terra e aos animais.

Judith se esforçava muito, mas não conseguia gostar de Olavo. Sentia que ele era traiçoeiro. Nunca falou nada para o marido, pois sabia que poderia ofendê-lo, e que ele confiava plenamente em Olavo.

Judith sonhava com Olavo. Via-o se apoderando de sua propriedade e pisando sobre o corpo morto de seu marido.

Em alguns dos sonhos, via-o mexendo em suas partes íntimas e forçando um contato sexual. Às vezes, via-o colocando fogo em sua casa e dando gargalhadas.

Os pesadelos iam ficando cada vez mais fortes. Judith orava e pedia proteção a Deus, mas algo, talvez sua intuição de mulher, lhe dizia que alguma coisa estava errada.

Judith amava cavalos. Andava por horas e horas sozinha com seu cavalo. Ela soltava os cabelos e sentia-os esvoaçando ao vento. Sentia-se uma cinderela em sua carruagem.

Certo dia, em um de seus passeios, avistou Olavo de longe. Ele conversava com dois jovens que ela nunca havia visto. Judith escondeu-se e viu Olavo dando dinheiro a eles.

Ela gemeu em seu silêncio exterior. Sentiu seu corpo gelado e frio. De repente, todos os seus sonhos fizeram sentido. Aqueles homens não lhe causaram boa impressão. Seriam matadores? Naquela época, eram comum matanças em troca de pagamentos. Ela se questionava quem eles matariam. Seu marido?

Judith ficou atônita. Não sabia se contava para o marido. Voltou para casa muito nervosa. Não sabia o que fazer. A atitude de Olavo era muito suspeita. E ela sabia que Armando, por mais boa pessoa que fosse, jamais perdoaria uma traição do amigo.

Armando tinha por Olavo um amor de irmão e de melhor amigo, era muito mais do que uma simples relação de patrão e empregado. Armando sempre dizia que deixaria parte de sua herança para Olavo, porque ele fora seu companheiro de vida. Por algum motivo, Armando sentia que morreria cedo e sempre conversou com a esposa sobre a morte. A morte, para ele, era uma passagem natural. Não tinha medo dela. Somente pedia a Deus que sua filha Katharine e sua esposa Judith não ficassem desamparadas.

Armando tinha visões seguidamente. Ele sentia quando espíritos se aproximavam dele. Ele convidava-os a entrar e a se apresentar. Perguntava-lhes se queriam lhe dizer algo importante, senão, poderiam ir embora. A esposa tinha medo destas visões que ele contava. Quando ele começava com as histórias, ela pedia para ele parar.

Judith tinha medo de tudo relacionado à morte. Ela estudava seu livro sagrado, confiava nas forças superiores, mas se arrepiava só de falar sobre morte.

Armando e Judith iam deitar. Armando percebeu que Judith estava nervosa. Perguntou à esposa, carinhosamente, o que ela tinha. Ela entregou-se em prantos e contou-lhe o que havia presenciado e sobre seus pesadelos frequentes.

Armando tranquilizou a mulher. Disse que o que ela viu nada tinha a ver com eles. Pediu que ficasse calma. Enfatizou que Olavo seria incapaz de lhe prejudicar.

Naquela noite, Armando mal dormiu. Ele se virava de um lado para o outro na cama. Em seus sonhos, havia imagens reais de acontecimentos passados. Em todos eles, Armando lembrava-se do egoísmo e das trapaças de Olavo com os outros meninos, quando eles eram pequenos.

Armando acordou intrigado. Alguma coisa em seu peito lhe dizia que a mulher estava certa. Sentia que ao seu lado havia espíritos bons que estavam lhe alertando de algo.

De fato, havia amigos espirituais que estavam tentando proteger Armando. Eles haviam lhe mostrado por meio de sonhos a personalidade trapaceira do falso amigo.

Armando e Olavo eram inimigos de outras vidas. Olavo reencarnou na Terra cheio de ódio e jurando destruir Armando. Já Armando veio para a Terra com a intenção de proteger e cuidar de Olavo incansavelmente, e foi o que tentou fazer.

Os dias se passaram e Olavo passou a ser observado com outros olhos por Armando. Em poucos dias, o dono da propriedade pôde perceber os vários e frequentes roubos que Olavo fazia.

Armando foi juntando tudo. Aguardava a hora certa de conversar com o amigo e lhe daria uma última chance.

Judith percebia que o marido estava apreensivo. Ela sabia que algo não estava bem.

Algo dentro de Armando lhe dizia que tinha de ser sutil ao cobrar as trapaças de Olavo. Ele sabia que Olavo tinha um lado muito ruim.

Armando tentava se esquecer daqueles sentimentos ruins quando se entregava ao piano com a filha. Katharine era mais do que radiante, ela era sua princesa, e Judith, sua rainha. Era lindo ver o amor e a sintonia que envolvia os três.

Já era tarde. Muito tarde. Todos dormiam na propriedade de Armando. Um estrondo na porta de entrada. Armando deu um pulo na cama. A esposa também acordou. Armando desceu e nada viu. Quando retornou, a esposa estava toda ensanguentada e com a boca amarrada, atirada sobre o colchão. Imediatamente, a cabeça de Armando também rolou. Aqueles homens, que Judith havia visto dias atrás, acabavam de matar marido e mulher.

Katharine, assustada com o barulho, foi ao quarto viu tudo. Em estado de choque, escondeu-se debaixo da escada e, dali, viu Olavo verificando o serviço feito, acertando o resto do pagamento e os homens indo embora.

Katharine tinha apenas sete anos. Não conhecia ninguém além do tio Olavo que pudesse cuidar dela.

Ela reprimia as lágrimas e escondeu por quase toda a vida sobre quem havia matado seus pais. Ela tinha medo de não ter para onde ir.

A partir dali, o ódio começou a aninhar-se em Katharine. Sua sede de vingança começou a se formar.

Olavo passou a tomar conta de tudo. Sentia-se plenamente feliz e ainda chamava Katharine de filha.

Todos sabiam da intimidade entre Olavo e Armando e apoiavam que ele ficasse temporariamente com sua fortuna e com sua filha até que ela pudesse tomar conta de tudo.

A alegria de Katharine secou. Assim como um rio pode secar, dentro dela, a alegria morreu. Tornou-se uma mulher fria, calculista e controladora.

Katharine era uma mulher vistosa, elegante e muito atraente. Tinha grandes olhos verdes que pareciam ímãs aos olhos dos homens.

Apaixonou-se por Lorenzo na primeira vez que o viu, mas sempre fugiu desse sentimento. Ela queria aquele homem. Queria ser dona dele. Ela não acreditava no amor, porque algo dentro dela lhe dizia que amor acabaria em morte.

Katharine foi assombrada a vida inteira com a imagem do pai e da mãe degolados daquela forma tão cruel.

Ela também não teve amigas ou amigos verdadeiros. Sua vida foi poder e falsidade. Ela escondeu de si mesma a Katharine meiga que sorria largamente com o pai. Ela escondeu de si mesma a menina indefesa que se refugiava, cheia de medos, no vestido da mãe. Ela obrigou-se a criar uma capa cheia de defesas pessoais.

Katharine começou a namorar Lorenzo. Olavo encheu-se de ódio. Sagaz como era, ela percebeu que Lorenzo corria perigo. Então, se ofereceu friamente a Olavo para que ele permitisse o casamento com Lorenzo. Ela jurou que manteria em segredo os encontros amorosos. Ela fingiu amar Olavo.

O homem velho e asqueroso deixou-se levar pela sagaz Katharine. Consentiu o casamento e desfrutou do belo corpo virginal de Katharine.

Ela chorou dias inteiros. Quanto mais chorava, mais odiava a tudo e a todos, menos a Lorenzo. Ele era sua inspiração, mas, apesar disso, ela tinha medo do que sentia e fugia desse sentimento como uma criança foge de um monstro.

O casamento se fez. Pela primeira vez, Katharine sorriu. De vez em quando, se sentia feliz, mas logo o retrato de sua vida voltava a torturá-la.

Marceli veio meses após o casamento. Lorenzo jamais desconfiou de que a filha não fosse dele, assim como não desconfiou de que Katharine não fosse virgem.

As noites de amor entre Lorenzo e Katharine eram intensas e cheias de amor. Lorenzo não entendia porque a mulher era tão amorosa e quente em seus braços durante a noite e tão fria e calculista durante o dia. Isso entristecia Lorenzo, que se sentia um escravo de Katharine. Ele jamais poderia adivinhar por tudo que a esposa passara.

Eles dormiam abraçados. Faziam amor sempre que estavam juntos. Um precisava do outro. Eles se completavam em carne e em harmonia nas inúmeras noites de amor que viveram.

Olavo insistia, vez ou outra, em possuir novamente Katharine. Esta, cheia de medo, entregava-se a ele. Ela tinha medo de que Olavo fizesse algo para sua família.

Foi aí que fez uma promessa. Prometeu que se Olavo não a tocasse mais, seu próximo filho, se menino, seria padre, e, se menina, seria freira.

Coincidência ou não, Olavo parou de insistir em encontrar-se com Katharine. Esta aliviou seu coração.

Anita nasceu. Filha do amor entre Lorenzo e Katharine. Mesmo que negasse, Katharine a amava, porque ela era o fruto do seu grande amor.

Katharine uniu forças para rejeitar a filha desde o início. Tinha um medo feroz de amá-la e logo perdê-la. Sabia que ela iria para o convento, então, tinha medo de sofrer pela sua falta. Em sua mente, Katharine sentia que, se amasse alguém e se entregasse para esse alguém, poderia perdê-lo assim como perdeu os pais.

Katharine não se permitia sorrir largamente, nem se descompor, mesmo que por instantes, entregue à alegria.

Estava sempre altiva, bem vestida, poderosa e jamais desalinhada. Katharine sofria por não sorrir nas inúmeras vezes em que teve vontade de sorrir, junto a filha e o marido.

Ela era amarga. Ficara amarga pelos dissabores da vida e pelos inequívocos mentais que colocara em si mesma.

Cada vez que via o corpo da filha se transformando em mulher, enchia-se de medo de que alguém pudesse persuadi-la ou desonrá-la.

Não suportava imaginar que algum homem nojento, assim como Olavo, pudesse possuir sua filhinha. Por isso, não a deixava sair do quarto quando havia festas. Não queria que homem algum a olhasse ou a desejasse. Precisava proteger a filha.

Tudo isso eram devaneios medrosos e poderosos que Katharine criara em sua cabeça doente e com graves feridas pela infância brusca que tivera.

Anita sabia que a mãe lhe amava, mas sentia que precisava respeitar o seu espaço. Quando a abraçava, Anita percebia que o coração da mãe acelerava e que ela gostava, mas não insistia em ficar abraçando-a. Saía correndo e feliz porque sabia que a mãe tinha gostado do abraço e correspondido da forma dela.

Katharine vivia baseada em memórias mentais errôneas, em conspirações de assassinato, abusos sexuais e trocas de favores, que assistira durante a vida. Ela havia absorvido apenas o que acontecera de ruim, como forma de se autoproteger de tudo e de todos, mas, no fundo, ela era uma menina com uma vontade imensa de chorar e de ir para o colo de alguém desabafar tudo o que acontecera com ela.

Ela vivia em um grande casulo de ferro. Dali, somente ela, sozinha, poderia sair.

As armas de Katharine eram a morte e os maus-tratos. Esta era a linguagem aprendida por ela. Esquecera-se do amor que seus pais lhe deram enquanto vivos.

No dia em que soube de Anita e Tomaz, não pensou duas vezes em mandar matá-lo. Naquele instante, ela acessou todas as suas memórias animalescas. Sentiu como se ele fosse o nojento Olavo a possuir o seu corpo. Sentiu ódio, nojo e desprezo pelo rapaz. Por isso, mandou matá-lo, em nome de todo esse ódio.

Se não cumprisse a promessa de a filha ser freira, em sua mente, seria o seu fim, pois Olavo voltaria a possuí-la. Ela tinha muito medo de que isso voltasse a acontecer. Por isso, ignorou as lágrimas da filha e pouco sentiu a morte de Tomaz. Ela agia como um animal, defendia a si mesma com unhas e dentes.

Katharine estava à beira da loucura. Sua insanidade se formara com a morte dos pais e, com o tempo, somente fora crescendo.

Por todo o mal que já tinha feito e por seus medos, Katharine atraía todo o tipo de energia negativa. Ela já não dormia nem comia mais. Ouvia vozes que iam e vinham. Odiava e amava. Sorria e chorava. Não reconhecia mais as pessoas. Entregou-se ao álcool com sede de vingança. Cada vez que bebia, ficava arquitetando a morte de Olavo. Planejou várias formas de assassinato. Ela estava enlouquecendo. Ficava suja por vários dias. Dava festas que duravam dias inteiros, enquanto o marido viajava. Até que, em uma dessas festas, colocou veneno na bebida de Olavo. Nunca souberam que fora Katharine quem fizera aquilo. Todos acharam que havia sido morte natural.

No entanto, Katharine sabia em seu íntimo que fora ela. Esse peso doía em seu coração. Tudo lhe doía. Tudo lhe queimava. A vida lhe pesava. Por todos os lados havia traidores. Por todos os lados, havia, também, seus amores. Não sabia mais para que lado ia. Não tinha discernimento do bem e do mal. Via seres ao seu lado. Ouvia gargalhadas e arrastar de correntes. Tinha medo, mas não tinha onde se refugiar, não tinha a quem pedir ajuda.

Katharine enlouquecera e enforcara-se. Achava que assim daria adeus àquelas torturas mentais e emocionais que tanto lhe doíam a alma.

Capítulo 10
O ACORDAR DE JOSUÉ

Josué acordou em seu quarto cheio de luz – luzes de todas as cores dançavam sobre sua cama. Trabalhadores espirituais energizavam aquele corpo que fora recomposto por muito tempo. Um tempo imensurável.

Muitas larvas acompanhavam insistentemente o corpo vibracional de Josué. Elas se ligavam a ele por atração a tudo o que ele consumira de álcool em sua existência. Além do afastamento da mente, muitas vezes, é necessário, também, o afastamento do corpo sutil, que descansará e irá se recompor aos poucos. É realizado um trabalho com essas larvas que, como criaturas, sugam os corpos energéticos.

Há infindáveis energias que se alimentam daquele que desencarnou. Há energias sugadoras, que se alimentam do corpo físico que está deteriorando, há energias que acompanham a mente e as que se grudam ao corpo emocional. Cada sensação, vício de pensamento ou sentimento é acompanhado por energias, e a maioria delas está ligada a nós para nos sugar. Vivemos na Terra e continuamos no além-túmulo como marionetes de tanta gente e de tantas energias que nem imaginamos.

Naquele momento, Josué dera-se conta de que estava em outro plano. Naquele acordar, Josué dera-se conta de todos os erros que havia cometido em mais uma existência. Novamente, perdera para o vício e para o ciúme. De nada adiantou todas as reuniões e estudos que tivera antes de reencarnar.

Naquele instante, amigos espirituais acompanharam Josué até seu corpo físico. Este, como um ímã, ainda portando referências que chamavam a Josué, como pensamentos, sentimentos, vícios e energias que foram criadas ou atraídas por ele mesmo, encontrava-se em decomposição.

Josué sentira-se dentro daquele corpo gelado que fora o seu. O cheiro era insuportável. Podia sentir os vermes correndo por dentro de si mesmo. Por alguns instantes, parecia que estavam devorando-o, que ele e aquele corpo eram um só. Podia sentir a fome com que os vermes o devoravam. Ele se sentia dentro de um formigueiro. O movimento daqueles seres se alimentando de sua própria carne era incessante.

Ao mesmo tempo, Josué notou a presença de muitos "amigos espirituais" que o convidavam para levantar e beber. Eles, sem exceção, eram viciados em álcool. Seus corpos sutis se encontravam em miséria. Ali, havia mulheres, homens e jovens que, em vida, se entregaram à bebida. Aquelas criaturas estavam desesperadas e sedentas de seu vício. Elas nem percebiam a miséria em que se encontravam. Elas não tinham forças, muito menos vontade para sentir que já haviam morrido e que outro mundo continuava à sua frente.

Josué sentiu compaixão por todos eles. Percebia que Damião estava ao seu lado, lhe dando forças, mas ele sentia que, ali, naquele sepulcro escuro, acompanhado daqueles que se uniram a ele durante sua existência e, pior, daqueles que ele mesmo alimentara por seus próprios erros, precisavam de sua ajuda. Ele sentia que já tinham essa sintonia, já que tinham estado em simbiose naquela existência. Quem sabe ele poderia acordá-los daquele pesado fardo?

Josué orou. Pediu perdão aos seus. Pediu perdão a si mesmo por ter se traído. Pediu que se alguém pudesse ajudar, que o ajudasse no auxílio àqueles irmãos sedentos, que perambulavam sonâmbulos no além-túmulo.

Josué sofria pela situação em que eles se encontravam. Sentia que eles eram parte dele. Orava, pedia e implorava que os ajudassem, que tivessem piedade deles.

Uma luz dourada tomou conta do local. Todos pararam o que estavam fazendo. A luz acordou levemente aqueles que se encontravam dormindo há muito tempo. Cada um fora socorrido por seu amparador. Um pronto-socorro espiritual se fez, à pedido de Josué. Médicos, enfermeiras, assistentes e cooperadores amorosos ajudavam os irmãos necessitados. Muitos nem sabiam o que estava acontecendo, mas seguiam no calor daquela luz, a luz do amor, da ajuda e do socorro ao próximo.

Josué via tudo aquilo acompanhado de Damião. Ele chorava e sentia em seu peito o mal que tinha feito a todos eles. Sentira que, se não tivesse aumentado seu vício, não alimentaria o vício deles. Ele percebeu que eles eram um só e que muitos dos pensamentos que tinha quando estava na Terra, eram os pensamentos deles. Só agora, ali, ele lembrou de que nossos acompanhantes energéticos, do bem ou do mal, influenciam nossos pensamentos e sentimentos na Terra.

Quando vamos trabalhar um vício, devemos, também, trabalhar nosso mundo espiritual, para ajudar aqueles que, de forma ou de outra, nos impulsionam aos seus desejos e às suas vontades.

Quando não buscamos o aqui e o agora de nós mesmos, quando não vibramos dentro de nós, ficamos entregues a um mundo unido ao nosso, a criaturas e energias pensantes que nos levam de um lado para outro. Por isso é essencial trabalharmos sobre nós mesmos, buscarmos nos conhecer enquanto ainda temos tempo e conduzirmos nossas vidas acompanhados, apenas, por nossos amparadores evolutivos. A meditação é uma porta de entrada para nossa verdadeira essência. Nela, encontraremos o que realmente somos e nossa missão se mostrará à nossa frente para que continuemos no caminho do bem, ajudando não somente a nós mesmos, mas a toda a humanidade.

Cada criatura fora ajudada pelos socorristas. Cada ajuda fora de acordo com o seu grau evolutivo. O amor com que aqueles socorristas moviam-nas já as aquecia e alimentava-as depois de muito tempo de desespero.

Josué, triste pelos próprios erros, quis olhar, pela última vez o lugar em que seu corpo físico estava. Olhou para seu ex-corpo. Parecia um boneco de plástico contorcido pelo fogo. Não poderia nem ser comparado a um trapo, era muito pior do que isso. Ele abraçou a si mesmo e pediu perdão àquelas células que ele não cuidara. Levantou-se dali, olhou ao redor e viu vários sepulcros, em torno dos quais havia vários seres perambulando. Pediu que todos ganhassem o perdão. Sentiu em seu peito que uma nova jornada se iniciaria. Sentiu os fluidos de busca de Damião e sabia que teria de ser forte e recomeçar.

Josué estava envergonhado. Chorava por ter sido, novamente, um fraco. Pedia perdão a Deus, aos seus amigos espirituais, à Anastácia, sua companheira de tantas existências, assim como a Tomaz, seu eterno amigo, que fora seu filho.

Naquele momento, tudo vinha até Josué como nuvens de acontecimentos. Rápidas cenas de seu insucesso se formavam em sua "falsa mente".

Os amparadores, sempre em oração, pediam que ele tivesse calma, que ele ficasse tranquilo. As energias emanadas daquelas lembranças o deixavam fraco. Ele estava tonto e envergonhado.

Damião adentrara naquele quarto com Josué. Seu semblante era de um homem sábio e puro. Josué se lembrou do amigo que o instruiu, por muitas e muitas vezes, antes de seus reencarnes.

Josué baixou a cabeça e lágrimas rolaram. Damião acenou para que Josué erguesse a cabeça. Disse-lhe para ter fé, coragem e retomar sua postura. De nada adiantaria, agora, enfraquecer-se.

Josué ergueu a cabeça e olhou nos olhos de Damião. Este entendeu que começaria tudo de novo, que sua jornada, seu preparo para um novo reencarne, tudo seria montado novamente. Agora teria que estudar, se aprimorar e retornar. Somente fortificando-se e gravando em si mesmo sua missão é que conseguiria superar as recaídas daqueles vícios.

Ciro e Katarina também estavam ali. Anastácia estava de mãos dadas com Tomaz. Ambos esperavam o momento de mostrarem-se para Josué.

Tomaz encheu-se com ainda mais luz do que já tinha. Adentrou ao quarto. Sorriu para Josué. Olhou bem em seus olhos e, antes que ele dissesse-lhe qualquer palavra, entoou em alto e ascendente tom, dizendo-lhe:

– Seja bem vindo, pai amado. Eu te amo.

Josué chorou, pediu perdão ao filho por seu fracasso.

Tomaz pediu que silenciasse. Pediu que Josué lhe ouvisse:

– Amado pai. Aceitaste ser meu pai e dar-me o dom da vida. Emprestaste a mim tuas células e cuidaste de mim como um verdadeiro homem. Agradeço a ti, amado pai, porque deste a mim o maior dom que alguém pode dar: a vida. Serei eternamente grato. Em meu crescer aprendi a te observar e foi te observando que me tornei forte e homem de verdade. Na tua lida diária e no amor que tinhas por minha mãe podia sentir a força de que precisava para continuar minha missão.

E Tomaz prosseguiu:

– Quando em vida, ainda não sabia o que me aguardava. Muitas vezes, me refugiei de meus medos somente em te observar. Não sei de tua missão pessoal, mas sei que fizeste a minha mais verdadeira. Sem ti, meu pai, nada seria possível. Agora te levanta. Busque teu real ser aí dentro e tua nova jornada com teus novos planos. O sol ainda brilha. Os pássaros ainda voam. A chuva ainda cai. As crianças ainda sorriem. Então, ainda há tempo. Não pense no que foi perdido, apenas sinta o que ganharás pela frente. Não temas o que se foi. Acredite no que virá. Aos poucos, tua força voltará. Vigie teus pensamentos. Aprimore tua estada neste plano. Erga-te no amor e para o amor. Obrigado, meu pai terreno, por tudo o que me destes. Agora siga. Estarei contigo, te ajudando no que for preciso. Aqui somos irmãos e trabalhamos todos juntos. Nossa missão é única. O amor está em meio e dentro de cada um de nós.

Tomaz ergueu as mãos ao encontro de Josué. Seu sorriso era largo e puro. Neste momento, o jovem rapaz trocara a forma física para sua verdadeira forma espiritual, um grande gigante da luz.

Josué ajoelhou-se, lembrando-se das várias lições que aprendera com aquele gigante. Só agora lembrou que combinara de ceder suas células, de ser seu pai, para que ele pudesse se desligar de valores errôneos que ainda carregava dentro de si.

Josué lembrou, como se um raio luminoso invadisse sua mente, que concordara em dar à luz Tomaz e que este daria à luz Eva, e que ambos, unidos a Anita e a outros tantos, criariam lares para crianças e pessoas desamparadas. Eles, todos juntos, ajudados, de certa forma, por Josué, plantavam sementes de amor, misericórdia e cedências divinas na Terra.

Josué admirou-se de como sua missão era importante. Ser pai de um gigante da luz. Não era orgulho o que ele sentia, tampouco vergonha. Sentia uma força no peito e uma enorme vontade sincera de seguir em frente e rever todos os seus erros, estudá-los e transformá-los em acertos.

Anastácia observou tudo. Seu coração estava feliz por reencontrar, agora sim, um pouco do verdadeiro Josué.

Ainda era cedo para conversar com ele. Sentia-se ainda despreparada para o reencontro. Aguardaria até sentir-se forte ou até que Josué pudesse recebê-la sem ter recaídas. Os dois, juntos, ainda teriam muito trabalho pela frente. Ela com as crianças e ele com os viciados. Muita coisa precisaria ser transformada dali para frente. Não poderiam perder mais uma oportunidade de um equilibrado recomeçar na Terra.

Capítulo 11
O Suicídio de Katharine

Um cheiro de sangue tomava conta do local. Seu corpo fedia a carniça. A névoa escura e cinzenta invadia aqueles aposentos. Risos, lágrimas, dor, desespero, orações, luz, sombra, escuridão, arrependimentos – uma mistura entre devaneios reais e irreais.

Katharine arrependia-se, naquele momento, do que acabara de fazer consigo mesma. Ela tentava incessantemente tirar a corda do seu pescoço, mas seus esforços eram em vão. Aos poucos, percebeu não conseguia tocar a matéria do seu corpo físico. Percebeu que estava em outro mundo, paralelo àquele em que vivera. Percebeu que muitas criaturas sugavam todo o seu sangue, sedentos de fome e de sede.

Teve medo. Gritou. Não sabia a quem recorrer. Todos riam dela. Todos tinham rostos animalescos e dentes de vampiros. Cheiravam à morte. Naquele instante, se deu conta que todos eles eram seus companheiros de muito tempo e que continuariam com ela após a morte.

Resolveu unir-se a eles, já que os conhecia há tempos e se sentia familiarizada com aquelas criaturas que vibravam como ela.

Katharine não se questionava. Entregou-se à escuridão total. Preferiu fingir que nunca amara ou sofrera. Preferiu idealizar que estava na ordem certa do todo.

Por várias vezes, Katharine entrava e saía de seu corpo físico, dentro daquele caixão. Ela tentava reanimar aqueles ossos e aquela carne morta.

Insultava a si mesma. Chama a si mesma de covarde. Puxava os próprios cabelos que já haviam se desprendido do corpo. Até que desistia e saía a perambular por todos os lugares que lhe era permitida a entrada.

É importante salientar que os espíritos perambulam apenas onde lhes é permitida a entrada. Tudo na vida e na morte ocorre com similaridade de frequências.

Katharine seguiu com seus ódios, seus medos, suas revoltas e suas ofensas, mas, junto a isso, seguiram com ela, sem pedir licença, seus amores, suas memórias e sua esperança.

Ela acompanhou o próprio funeral. Vez ou outra, ria da imbecilidade de Lorenzo em sofrer por ela. Vez ou outra, chorava porque sentia o sofrimento do marido.

Pôde ver a beleza da filha, Anita, em vestes de freira. Sentiu forte dor no peito ao reviver algumas cenas em que fez a filha sofrer.

Ao mesmo tempo em que sofria, uma força demoníaca penetrava nela e a fazia julgar e chamar a todos de fracos, imbecis, hipócritas, medíocres, traidores.

Katharine envolvia-se em ódio e amor. Havia um duelo dentro dela. Dois guerreiros – um alimentado pelos acontecimentos passados e pela mente doentia, outro alimentado pela esperança e pelo amor ao marido e à filha. A luta iniciava e reiniciava. Os guerreiros eram incansáveis.

Lorenzo chorava inconformado com a morte da esposa, gritava tristemente o nome de Katharine. Pedia a Deus que não a levasse.

Anita orava baixinho. Suas lágrimas escorriam pelo rosto enquanto ela se lembrava dos breves, mas intensos carinhos da mãe. Ela amava sua mãe. Ela queria ter ajudado.

Katharine surpreendeu-se pela luz rosa que envolvia tanto Anita quanto Lorenzo. Ela jamais havia visto aquela luz. Também viu pessoas com vestimentas lindas e claras, com as mãos erguidas sobre a cabeça de Anita e de Lorenzo.

Ela amava e odiava aqueles seres espirituais. Em seu íntimo, queria pedir ajuda a eles. Sua mente, porém, ainda dominadora, a impedia de fazer isso.

Logo as criaturas infernais voltavam a dominar sua mente e esta caía em ódio novamente. Havia uma grande briga dentro e fora de Katharine. Ela não entendia muito bem o que estava acontecendo.

Ela odiava também a morte. Gritava aos sete cantos que queria descansar e não ficar ali, sentindo fome, sede e dor com aquelas criaturas.

Katharine acompanhou a tudo. Puxou várias vezes o corpo de Lorenzo para dizer que estava ali. Puxou os cabelos de Anita. Esbravejava por não a verem. Afastava-se ferozmente quando as pessoas de branco aproximavam-se dela.

Muito tempo se passou. Katharine andava como um zumbi, de um lado para o outro. Eram poucos os momentos em que ela tinha pensamentos bons. Sua sede de vingança a dominava.

Procurava Olavo por toda a parte. Queria evitar que ele prejudicasse novamente sua família.

De vez em quando, ela sentia vontade de procurar Tomaz para pedir-lhe perdão. Nesse momento seu corpo encontrava um pouco de conforto. Sentia que a dor aliviava. No entanto, essa vontade era sutil e breve como um relâmpago. Logo caía em devaneios.

Tomaz assistiu amorosamente ao desencarne de Katharine. Nunca a abandonou. Sabia dos graves motivos que fizeram dela uma criatura tão sofrida e má. Ele a amava e a perdoava.

Ele e sua comitiva fizeram várias correntes de amor para acordar Katharine de suas torturas mentais. Em certos momentos, quase conseguiam resgatar aquela alma e, em outros, as tentativas pareciam ter sido inúteis.

Tomaz orava e dizia a ela que havia lhe perdoado. Katharine não o enxergava, apenas sentia seu corpo mais quente e mais tranquilo. Ela passou a gostar daquela sensação.

Aos poucos, lembrava-se da similaridade daquela sensação de calor, de quando Tomaz estava próximo, com a que sentia quando estava no colo de seu pai ou de sua mãe.

Entretanto, ela era durona. Fugia e fugia dos amparadores espirituais. Ela não se permitia auxílio. Torturava-se.

Tomaz era incansável. Sabia que haveria de chegar o momento do resgate daquela alma tão endurecida. Ele sentia-se culpado, de alguma forma, por aquela rigidez. Ainda tinha dentro de si memórias ligadas à Katharine, de tempos remotos.

Judith, mãe de Katharine, ainda estava presa no medo que sentia da morte. Tinha medo de ser ajudada e ainda estava em sofrimento. Os amparadores a vigiavam, mas não conseguiam fazer muito por ela. Ela fechava os olhos e se fechava para qualquer ajuda, devido ao intenso medo que sentia.

Mãe e filha eram muito parecidas em relação ao medo. Os traços energéticos do medo haviam passado de mãe para filha.

Armando se entregou à morte desde o primeiro momento. Revoltou-se, mas por pouco tempo. Logo entendeu os enlaces e desenlaces dos processos reencarnatórios. Ele orava pela esposa e pela filha.

Armando passara por vários processos de limpeza. Entendera o porquê de seus medos e o porquê de ter tanto amor por Olavo, mesmo com tudo o que havia ocorrido.

Tomaz e Armando faziam parte da mesma equipe de ajuda a Katharine. Ambos participavam de uma linhagem especial de resgate de almas especiais ou que estão sob efeitos de criaturas involutivas.

As orações entoadas eram desobsessivas. O canto era forte e ascendente. O amor tomava conta do local. As harpas e os hinos eram incisivos e direcionados. Naquela equipe, todos eram homens. Todos usavam instrumentos especiais iluminados de batalhas anteriores. Eram como anjos a serviço do Bem.

O local de resgate variava. Dependia das alucinações de Katharine. Em alguns momentos, ela vivia de passado, mas percorria também locais cobertos de sangue, de pedras, de furacões, de guerras, de águas, de prostíbulos. O lugar dependia de onde sua mente a levava.

A comitiva orava e orava. Armando, certa vez, se fez visível a Katharine. Seu corpo apareceu iluminado por uma luz dourada. Katharine parou, olhou e riu. Gritava:

– Vocês acham que me enganam? Meu pai morreu! – Ela, por vezes, esquecia-se de que também havia morrido. E voltava a se entregar a seus devaneios.

Outras vezes, ela ouvia vozes carinhosas, cantigas iguais àquelas que seu pai cantava para ela. Logo ela se revoltava e começava a gritar.

Fugia de tudo que pudesse lhe ajudar. Tinha medo de ser ajudada e acabar prejudicando quem fizesse isso. Katharine tinha medo de ser amada. Esta era a verdade.

Muito tempo se passou, talvez séculos terrenos, e Katharine seguia presa em suas alucinações. Não aceitava ajuda de tipo algum.

Muitas daquelas almas já haviam se reencontrado no além-túmulo. Muitos laços bons ou maus haviam sido compreendidos. Anita já havia reencontrado Eva. Ana e Lorenzo já haviam restituído sua família. Anastácia e Tomaz já estavam em um plano bem elevado. Josué já havia aceitado o filho Tomaz em seu coração. Armando aguardava amorosamente, junto a Tomaz, a aceitação de Katharine. Armando recebia sua neta Anita e sua bisneta Eva com muito amor e sintonia. Todos, ou quase todos, reencontravam uma parte de si dentro do próximo. As várias partes de uma mesma história. Os vários decibéis de uma mesma energia. As várias notas de uma mesma sinfonia.

Capítulo 12
ANITA - TOMAZ E EVA

Eva acompanhou os tratamentos espirituais que se sucediam em sua mãe. Mesmo que ela não quisesse, seu coração estava ansioso para poder abraçar sua mãe verdadeira. Ela sabia que teriam muito a conversar, já amava aquela mulher deitada ao seu lado. Queria poder dizer-lhe que estava bem e que se orgulhava da vida que tivera na Terra.

Anita abriu os olhos muitas vezes, tentando descobrir onde estava. Os guardiões a adormeciam novamente, dando sedativos fluídicos para que continuasse seu descanso e se preparasse para o reencontro com muitos dos seus, principalmente com sua filha.

Tomaz acompanhava incessantemente todos os cuidados com Anita e visualizava sua filha Eva com imenso amor. Sabia que chegaria a hora em que todos se abraçariam e ririam juntos de tudo o que aconteceu. A vida fora um grande aprendizado e aquela família havia ganhado várias moedas espirituais para construírem suas pousadas no além-túmulo.

Era um lindo dia de sol. Os pássaros cantavam e revoavam naqueles jardins. O brilho daquele lugar parecia diferente. O cheiro de rosas exalava maciez e equilíbrio. Tudo estava em perfeita sintonia.

Eva respirara fundo e erguera-se daquela cama. Escolhera um vestido cor de rosa para aquela ocasião. Não sabia o porquê, mas retirara a túnica que há tanto lhe acompanhava. Plasmou um lindo vestido longo, com várias camadas de babados bordados com pequenas rosas. Soltou os cabelos que agora pareciam ainda mais brilhosos e encaracolados. Sentia o cheiro de seu corpo. Ela exalava aroma doce de rosas. Sentia-se feliz. Por momentos, parecia que estava na Terra e que havia marcado um encontro importante.

Realmente, Eva tinha um encontro. Este havia sido adiado por muito tempo, um tempo que não pode ser medido na Terra, mas que pode ser sentido naqueles corações.

Ela percebeu quando Ciro e Katarina adentraram ao quarto, ambos vestidos com roupas terrenas. Katarina usava um vestido azul que acentuava ainda mais os seus grandes olhos azuis. Ciro usava roupas brancas, um terno de linho. Todos perfeitamente alinhados.

Eva ficou em silêncio. Sabia que algo aconteceria. Como sempre, aprendeu a aquietar-se, a orar e a aguardar pelo o que viria.

A parede translúcida que separava os quartos de Eva e Anita se desfez. Eva percebeu que Anita não mais estava ali. Avistou da janela daquele quarto, por entre as várias rosas daquele jardim, que Anita conversava com um homem. Percebeu que os dois estavam de mãos dadas e que estavam felizes.

Anita vestia um lindo e exuberante vestido rosa antigo. Seus cabelos ficavam presos em um coque. Ela parecia muito mais jovem. Estava linda e feliz.

O homem ao seu lado era Tomaz, vestido com confortável terno cor de nata. Ele também estava feliz e parecia muito à vontade com Anita.

Ciro e Katarina convidaram Eva a ir em direção a Anita e Tomaz. O coração de Eva saltava de ansiedade. Damião, sem ser visto ou notado, plasmava força e compreensão no coração de Eva.

Podia-se ouvir o canto dos pássaros e, ao fundo, o toque suave de teclas de um piano. Parecia que algo havia voltado no tempo. Eva sentia-se flutuar e dançar. Parecia que sua caminhada até a sua mãe era um passo de uma dança.

Tomaz abraçara Anita. Falara de sua trajetória até chegar ao Lar que hoje morava. Anita via-o, agora, com um grande amor. Ela ainda estava arraigada aos seus votos terrenos, mas via Tomaz como o amor de sua vida, um anjo que Deus lhe enviou para lhe dar forças durante sua estada na Terra.

Eva se aproximava aos poucos. Lágrimas de alegria e também de medo rolavam em seu rosto. Seu pai e sua mãe terrenos conversavam e estavam a passos dela.

Luzes de amor invadiam aquele local. Sem perceber, Eva deixou que palavras saíssem de seu coração:

– Mamãe! Papai!

Os dois viraram-se. Anita e Tomaz correram ao encontro de Eva. Os três abraçaram-se. Uma pirâmide de energia encaixou os três, naquele momento.

Tomaz dizia para Eva e ao mesmo tempo para Anita que as amava muito. Era um momento de paz, de reencontro. Um momento em que almas que viveram na Terra se reencontravam através da Lei do Amor.

Nada foi dito ou perguntado. Eles seguiram o passeio por entre o Jardim das Rosas.

Ciro e Katarina acompanharam o passeio. Katarina chorava silenciosamente e apertava a mão de Ciro. Percebia-se que eles estavam em paz e felizes também.

Tomaz conduzia aquela caminhada.Pediu que ambas fechassem os olhos. Todos deram as mãos. Quando abriram, estavam em um lindo jardim rodeado de borboletas e beija-flores. Crianças corriam por todos os lados. Muitas mulheres com bebês no colo. Podia-se ouvir o toque, em algum piano, de uma melodia de ninar. Cantigas de roda também eram ouvidas em determinados lugares. As crianças estavam felizes e corriam por todos os cantos. Os três riam pela felicidade que era transmitida naquele lugar.

Tomaz explicou a Anita que ela ficaria ali. Seu trabalho, naquele plano, era cuidar daquelas crianças com amor. Passar para elas alguns passos de suas novas encarnações. Anita tinha em seu mundo interior dons de pedagogia. Ela instruía seres que voltariam à Terra.

Anita sorriu. Eva, sentindo o pedido silencioso de sua mãe, antecipou em dizer que voltaria ali, sempre pudesse. Tomaz afirmou que se encontrariam sempre e, que os dois, Anita e ele, eram almas gêmeas e que ainda tinham muito a descobrirem.

Todos estavam em Paz. Anita conheceu muitos trabalhadores daquele Lar e alegrou-se muito por estar ali.

Ela sabia que uma nova etapa começava. Anita havia amadurecido em sua vida terrena e agora, unindo suas experiências com tudo o que já fora e presenciara em outras existências, discernia aquele momento. O amor que sentia por Tomaz era espiritual. Sabia que ele fora o seu companheiro em muitas existências passadas e que, agora, o amor deles amadurecera e transcendera em algo muito maior. Ela tinha fé que estariam sempre juntos.

Anita sabia que os laços terrenos são meros aprendizados para cada alma. Na verdade, somos todos irmãos e filhos de um só Pai. Os casais, os dois polos, são complementos de um único ser que se funde no verdadeiro Ser.

Eva sentia que aquele local era como se fosse o Lar das Borboletas que criara na Terra. Para ela, toda aquela energia era muito similar. Ela também amava aquele Lar.

Eva voltou aos seus trabalhos em outros lares e Tomaz voltou aos seus afazeres. Os três separaram-se para continuarem suas missões, só que agora, seus corações estavam mais aliviados por sentirem que partes suas estavam curadas.

Capítulo 13
O reencontro de Lorenzo e Ana e o resgate de Katharine

Lorenzo sentia-se pesado. Sua cabeça doía e seu corpo não correspondia aos movimentos que queria fazer. Tentava mexer-se, mas seus esforços eram em vão. Seus olhos estavam muito cerrados. Não conseguia abri-los.

Sentia vozes à sua volta. Parecia que elas vinham de bem longe, mas percebia que eram vozes suaves. Ao mesmo tempo, sentia algumas risadas meio perdidas e maliciosas.

Ele sentia que tudo girava ao seu redor. Parecia que um grande pedaço de chumbo estava sobre o seu corpo. Sentia-se girar e girar, com muito frio, muita dor, muito peso.

Podia jurar que ouvira a voz intolerante de Katharine chamando-o e insultando-o, da mesma forma que fazia quando ainda estava viva.

Katherine não havia suportado seu próprio veneno e havia se enforcado muito tempo atrás.

Ao mesmo tempo em que a voz maliciosa dela o ofendia, ele ouvia a voz de sua irmã/mãe Ana, dizendo:

– Venha comigo, amado filho e irmão.

A voz era igual à de Ana, sua amada e saudosa Ana. Aquela voz lembrava-lhe confiança e amor. Já a voz de Katherine doía-lhe o peito, assinalando traição, rancor e ódio.

Lorenzo ficava cada vez mais tonto. Não sabia o que fazer. Ele não havia se dado conta de que havia morrido.

Resolveu ficar quietinho e orar. Lembrou-se da oração que fazia com Ana quando se sentiam em apuros. Imediatamente, começou a ouvir muitas vozes orando com ele. Lágrimas rolavam de seu rosto. Sentiu um estouro, como se fosse cair em um buraco e logo após sentiu-se flutuar. Ouvia as muitas vozes em oração, mas não via as pessoas que estavam entonando-as.

Viu apenas seu corpo velho estirado no chão, todo ensanguentado. Percebeu que flutuava acima de seu corpo já morto. Emocionou-se por existir uma vida além da morte. Tentou ajoelhar-se e pedir perdão, porque jamais acreditou que houvesse vida pós-morte. Em suas crenças, teríamos apenas uma chance de reajustar nossas dívidas. Ele havia se culpado sua vida inteira por seus erros, principalmente aquele de permitir que sua filha, Anita, fosse para o convento daquela forma brusca.

Ele era um homem do Bem. Lutava com suas próprias forças para combater a maldade que residia em seu interior.

Ele acreditava que precisava ajustar tudo naquela única vida. Fora incansável com ele mesmo. Por isso, agora, estava sendo ajudado com muito amor por seus amigos amparadores.

Ele não guardava rancor nem animosidades em seu peito. Ajudava aos outros sem distinção.

Agora ele estava ali, flutuando sobre o seu corpo. Sentia que aquelas paredes cheiravam a sangue. Pela primeira vez, havia percebido como eram escuras e sujas as paredes de sua casa. Sentia que tudo era envolvido com uma triste névoa.

Lorenzo se entregou em oração. Pedia perdão por seus erros e por ter sido incrédulo.

Damião segurou sua mão serenamente. Lorenzo pôde sentir e ver aquele senhor que lhe erguia as mãos em sinal de carinho.

Aquele sorriso fraterno fez Lorenzo confiar. Apenas entregou-se a ele. Os dois ergueram-se juntos daquele ambiente.

Os amparadores fecharam um círculo em volta de Lorenzo e Damião. Vários espectros de luzes formaram-se naquele momento, envolvendo a todos. O cheiro de rosas tomou conta do ambiente. Em instantes, locomoveram-se até o Lar das Laranjeiras, que é um anexo da casa de restauração. Ali, se encontram temporariamente espíritos bons que morreram por acidentes domésticos e que já têm a consciência de que estão mortos.

Os amparadores convidaram Katharine a seguir com eles. Oraram por ela e envolveram-na em um aroma de rosas, mas os seus devaneios e desejos eram bem mais forte do que o amor verdadeiro que carregava dentro dela. Ela estava cega, surda e muda diante da Força do Amor. Seguia como uma vampira, seduzindo mortos e alimentando-se de tristezas e desgraças alheias. Cada vez mais ela se adentrava nas trevas inequívocas da morte, nos caminhos tortuosos e doloridos que ela escolheu.

Ela gritava para Lorenzo:

– Seu traidor! Mais uma vez, você me abandona! Vá, junte-se à sua amada filha, Anita! Vá, seu peste! Seu bonzinho! Eu não preciso de você!

Katharine ficou aos gritos, revoltada e aninhada com os muitos espíritos sofredores que se envolviam entre si.

Eva não pôde deixar de ouvir o nome que aquela mulher gritava – Anita.

Eva já sabia que sua mãe se chamava Anita. Já havia estado várias vezes com ela. Elas moravam em lares diferentes, mas encontravam-se e faziam vários trabalhos juntas.

A dúvida tomou conta de Eva. Algo forte brotou em seu coração. De repente, Eva teve a certeza de que aquele senhor que acabara de desencarnar era o seu avô.

Eva caiu. Seus devaneios e incertezas a religaram à sua vida terrena e, por um momento, a retiraram dos trabalhos de socorro.

Ciro e Katarina socorreram com muito amor a companheira. Colocaram Eva numa cadeira, ao lado do corpo do avô, que descansava e se nutria de energia em um dormitório no Lar das Laranjeiras. O cheiro da flor da laranjeira era um verdadeiro calmante para aquelas almas há pouco desencarnadas.

Ciro, Damião, Katarina e Ana mantiveram suas orações e zelaram pela recuperação das energias de Eva.

Quando esta abriu os olhos novamente, pôde sentir o abraço carinhoso de Ana – sua tia-avó. Elas não precisaram falar nada uma à outra, apenas leram seus corações e entenderam tudo. Não apenas entenderam, mas sentiram em seus corações suas unidades genéticas, seus vínculos terrenos e agora espirituais.

Damião convidou-as para sair dali. Ambas precisavam restaurar suas energias. Mesmo no além-túmulo, as surpresas podem mexer com as energias de tal forma que pode haver um desequilíbrio energético nos desencarnados e, com isso, padecerem em ilusões de suas vidas terrenas anteriores ou até mesmo nas ilusões involutivas da morte.

Tudo é muito limpo e energizado. Os amparadores oram incessantemente e limpam qualquer larva duvidosa que possa instalar-se em qualquer canto.

Eva e Ana banharam-se com luzes de várias cores. Muitos amparadores fizeram um círculo em sua volta, emanando amor e compreensão para as duas. Todos giravam como se houvesse uma grande roda no chão. Giravam em um só eixo e em um mesmo sentido. As cores iam mudando de tempo em tempo. A oração mantinha-se em puro amor e entrega.

Damião ordenou que parassem. Ana e Eva vestiam roupas similares e de uma cor quase branca, com um símbolo da flor de laranjeira ao lado do coração. Era o símbolo daquele Lar.

Assim como precisamos nos autovigiar de instante em instante na Terra, no além-túmulo evolutivo há a autovigia permanente. Qualquer pensamento negativo ou dúvida, tanto na vida quanto na morte, pode gerar tropeços e desvios em nossos verdadeiros caminhos.

Agora, elas estavam sentadas ao lado da cama de Lorenzo. Já havia passado muito tempo desde o seu desencarne. Elas visitavam-no frequentemente e passavam energias amorosas telepáticas para Lorenzo.

A cada dia, ele parecia mais jovem. Seu corpo havia emagrecido e parecia um homem de cabelos grisalhos, mas com pouca idade. Os laços entre Eva e Ana que já eram fortes, agora pareciam ainda mais amorosos. Não havia apegos entre elas, mas havia amor e união. Elas sabiam que estavam juntas por um motivo muito maior do que elas suspeitavam.

No além-túmulo, nos vários lares que lá existem, nada ocorre por acaso. Tudo tem um motivo muito maior. O ego fica de fora. O que une os seres, além da sintonia, são as missões que se comprometeram em cumprir um dia. A missão de Eva e Ana estava em andamento, até chegar o momento das duas seguirem seus caminhos separadamente.

O amor reina por si só, sem o apego, o ciúmes ou a posse. Sente-se o amor do aqui e do agora. Não há o ontem, nem o amanhã. Há o momento e sua sintonia.

Lorenzo dormia, com pequenas paradas para se alimentar. Seu coração ainda estava se recuperando do remorso que carregara consigo por toda a sua existência.

Ana já havia conversado com ele várias vezes, enquanto ele se alimentava e fazia sua higiene. Os dois já haviam podido se entregar em conversas, por muitas vezes, naquele quarto do Lar das Laranjeiras.

Eva já sabia que ele era seu avô. Orava para que, no momento certo, pudesse abraçá-lo e dizer-lhe que era a sua neta e que estava bem; e mais, que sua mãe também estava bem.

O mundo espiritual internou Eva no Lar das Laranjeiras, porque ela estava muito ansiosa pelos últimos acontecimentos. Então, ela foi preparada para ter atitudes tranquilas e serenas diante do avô e dentro de si mesma.

Os laços de parentescos permanecem por um tempo no além-túmulo, até que percebemos que todos somos irmãos e que estes rótulos, mesmos que genéticos, servem apenas para cumprirmos determinadas etapas evolutivas do nosso Ser.

Ana e Eva encontravam-se agora prontas para passear pelos Jardins do Lar das Laranjeiras com Lorenzo, que acordou serenamente. Abriu os olhos e sentiu a vibração maravilhosa que Eva estava emanando. No primeiro momento, chegou-a chamar-lhe de Anita, mas havia algo nela que mostrava que não era a sua filha – seus olhos brilhantes, seu sorriso largo e algo mais lhes mostravam que era a sua neta Eva.

Lorenzo chorou ao sentir em seu coração que era Eva. Sim, era Eva, sua neta que ele havia procurado por tantos anos sem encontrar. Era ela, a menina que ele queria ter visto crescer e correr no jardim de sua casa. Era a sua amada neta.

Ele abraçou-a e chorou incessantemente. Eva também chorava, mas repetia que o amava e que estava bem. Dizia-lhe que nada ocorre por acaso e que sua mãe Anita também estava muito bem. Ela dizia-lhe:

– Avô querido, tenha calma, fique tranquilo. Todos nós fazíamos parte de um Bem Maior. O Senhor Deus permitiu que tudo ocorresse desta forma. Não se preocupe. Todos serão perdoados e teremos a chance de acertar. O que importa é que agora estamos juntos e felizes. Minha mãe Anita logo virá nos reencontrar. Tenha fé, meu avô.

Aquelas palavras cintilantes e serenas encheram o coração de Lorenzo de esperança e coragem. Muitos espíritos amparadores silenciosos acompanhavam aquele momento em oração. Só Eva e Ana percebiam que eles estavam ali. Estes amparadores vibraram em mundo mais sutil e amoroso do que eles estavam. Elas sentiam a presença deles, mas não o viam. Mal sabia Eva que Tomaz, seu pai, ajudava naquele momento.

Lorenzo fora ajudado por Ana e Eva a recompor-se. Os três, abraçados e tranquilos, abriram espaço por entre os vários pés de Laranjeira no Jardim do Lar das Laranjeiras.

Muitas crianças também moravam lá. Elas sorriam para os três. Faziam piruetas, deixando o ambiente ainda mais puro e alegre.

Damião acompanhava-os com a energia amorosa de seu coração. Avistava-os ao longe e seu coração se enchia de agradecimentos.

Em seu íntimo, orava a Deus para que o conduzisse sempre no caminho do Bem e que, com isso, pudesse orientar verdadeiramente as almas que por ele passassem.

Ao longe, se via os três meio abraçados, meio com as mãos dadas, caminhando e conversando sobre os encontros e desencontros que tiveram em suas existências.

No alto, bem no alto, como se no final de uma estrada arquitetada majestosamente pelos pés das lindas laranjeiras, se encontrava uma pequena capela – branca e antiga, com uma escadaria em mármore também branco na porta de entrada. Ao longo da construção, formatos angelicais se sobressaíam das paredes. Um jardim de rosas brancas e flores mais rasteiras, também brancas, contornavam a construção. Ouvia-se o entonar de um piano, assim como o cintilar de harpas sendo tocadas suavemente.

A energia convidava-os a entrar. Tudo cheirava a flores cítricas. O cheiro de laranjeira misturava-se com o cheiro dos limoeiros e estes com o das rosas. Muitas borboletas voavam no local. Tudo parecia uma linda pintura, daquelas de parede, onde se pode olhar por várias horas sem se cansar.

Os três podiam sentir seus corações em sintonia. Uma voz suave tocava em cada coração, dizendo:

– Prossigam...

E eles, sem falar nada um ao outro, prosseguiam.

Muitos estavam em oração. Alguns sentados, outros ajoelhados nos vários bancos dispostos naquela capela.

Uma mulher, em brancas vestes, tocava piano.

Lorenzo, sem se dar conta, deixava com que suas lágrimas rolassem. A melodia tocada era a que ele havia ensinado à sua filha, Anita, quando ainda era bem pequena.

Seu coração de pai saltava alegremente de alegria. Uma leve dor, acompanhada de esperança, tomava contava de seu corpo.

Ana e Eva já tinham avistado Anita ao piano. Ambas, já haviam conversado e estado muitas vezes em sua companhia.

Lorenzo parou. Olhou para Ana e abraçou Eva. Os três choravam. Os amparadores invisíveis ali estavam também em oração gradativa. Lorenzo podia sentir que aquela era Anita, sua filha amada e há tanto tempo perdida.

Ele seguiu rumo ao piano. Sentou-se ao lado de sua filha e seguiu, junto com ela, a tocar a melodia conhecida de ambos.

Todos choravam naquela capela, ao som daquele piano. É amor, vencendo barreiras, inclusive a da morte. Pai e filha juntos – ambos já em idade avançada, mesmo que rejuvenescidos pelas energizações do além-túmulo, sentados lado a lado, sentindo a sintonia de seus amores através da música.

Não havia palavras, não havia trocas mecânicas de carinho. Havia a música que falava para todos e por todos. Tudo era invadido com o amor dos dois.

Choravam e silenciavam. Seus perdões, suas desculpas, suas memórias não precisavam ser tocadas ali, não precisavam ser faladas ou relembradas. O amor falava mais alto. A emoção equilibrada foi geral.

Logo Eva aproximou-se dos dois, sentou-se no meio do avô e da mãe e uniu-se à melodia.

Como se entrando no túnel do tempo, a energia ali construída invadiu aquelas almas que tanto precisavam conversar e que tanto sofreram na Terra.

A frequência do amor invadiu memórias tristes e complicadas, desatou nós e remorsos, libertou almas e reproduziu aquele amor sincero em muitos planos existenciais da vida e da morte.

A energia do amor viaja por lugares inimagináveis. Ela constrói o impossível. Suas bases são eternas.

Damião avistava tudo. De seus olhos, lágrimas de felicidade também rolavam. Ele sentia-se limpo e em paz.

Naquele reencontro, os três – Anita, Eva e Lorenzo – oravam pela Katherine. Anita já havia tentado ajudar a mãe em outras ocasiões, mas tudo havia sido em vão.

Ana ficou quieta, somente a orar. Aquele momento era dos três.

Um cone energético do Bem os envolveu. Pai, filha e neta viajaram no tempo até onde se encontrava Katharine.

Ela não podia vê-los. Sua frequência involucional era muito baixa. Ela estava toda suja. Suas roupas eram as mesmas que haviam sido colocadas para o seu enterro. Seu corpo estava sujo de sangue e com cheiro de carne podre. Seus cabelos estavam despenteados, desalinhados, muito sujos. Seus pés possuíam muitas feridas. Suas mãos estavam cheias de calos e feridas abertas. Seus olhos eram desesperados e tristes. Ela sentia frio, sede e fome.

Como se em um universo paralelo ao do Bem, ela encontrava-se no meio de criaturas inumanas e sangrentas. Ouvia-se choros e gritos. Sentia-se dor, fome e medo.

Tudo parecia acontecer dentro de uma caverna. O calor era insuportável, mas a sensação era de muito frio. O corpo queimava e ardia. Ali, havia correntes imaginárias que prendiam as pessoas por todas as partes. Era um verdadeiro sofrimento tudo aquilo.

Ouvia-se o barulho de correntes arrastadas por todas as partes. Risadas, ordens e gritos de espanto eram ouvidos por toda a parte.

Katharine estava ali. Ela comia o resto de uma pessoa que se encontrava com as vísceras à mostra. Os olhos daquela pessoa ainda estavam abertos, mas ela continuava ali, a se alimentar, dispersa em um mundo pesado e paralelo.

Aquela mulher não tinha nada da Katharine, que fora mãe de Anita, ou será que aquela mulher era a verdadeira Katharine, que agora, sem as máscaras do ego, mostrava-se sedenta, faminta e medrosa?

Podia-se perceber que ela tinha medo. Era possível ouvir o som de seu coração desesperado.

Anita, Eva e Lorenzo entregaram-se em oração. Damião, Ciro e Katarina envolveram Katharine em uma luz branca, quase da cor prata.

Aos poucos, Katharine sentiu um alívio, como se um remédio fosse lhe dado. Ela parou com o que estava fazendo e colocou-se a lembrar de sua filha, Anita, ainda muito pequena.

Suas lágrimas de saudade vieram em seus olhos. Lembrou-se da filha e do pai tocando piano. Lembrou-se de sua fisionomia limpa e bela. Pôde sentir o seu cheiro bom nas suas viagens de memória. Pôde transportar-se para aquele momento, como se ele ainda existisse. Percebeu que amava a sua filha e o seu marido.

O que o tempo havia feito com ela? Por que havia feito tudo aquilo? Por que destruir a sua família e a si mesma daquela forma?

Seu coração doía. Ela caiu em tortura a si mesma. Perguntava o porquê de tudo ter ocorrido daquela forma. Viu-se pequena, correndo para os braços de seu pai. Viu-se feliz e completa, assim como na imagem anterior.

Percebeu que havia sido feliz e que estragara tudo com o seu ódio sem fundamento. Ela procurou o porquê de tanto ódio e não encontrou. Procurou o momento em que se perdeu de si mesma e também não se encontrou.

Viajou mais longe. Viu-se muito pequena, com os joelhos dobrados, orando com sua avó materna. Viu quando sua avó, com muito amor, lhe ensinou a juntar as mãozinhas e dobrar os joelhinhos para orar a Jesus.

Ela sentiu saudade de tudo isso, sentiu sua avó em seu coração. Ela chorava e pedia perdão a Deus, por ter colocado tudo aquilo fora.

Ela ajoelhou e juntou suas mãos, naquele momento, da mesma forma que sua avó havia lhe ensinado quando ainda era uma menininha.

Engasgada e fraca, ela orava, pedindo ajuda. Pedia perdão por seus erros, perdão para a sua filha, Anita, por tê-la abandonado no convento e por tê-la tirado sua filha dela.

Katharine chamava por Tomaz, o menino que havia mandado matar. Carregou consigo este peso por toda a sua existência. Quando mandou matar o menino, matou a si mesma.

Num plano mais elevado, Tomaz presenciava tudo. Entregue à oração universal, ele perdoava e orava por Katharine. Ele olhava sua Anita também em oração e isso lhe dava mais força ainda para orar.

Mesmo depois da morte ele, amava intensamente Anita e sabia que na hora certa poderia aparecer, novamente, para a sua amada e para sua filha Eva. Ele ajudava a mandante de sua morte, silenciosamente e com muito amor. Ele sabia que, por algum motivo, havia passado por tudo aquilo.

Katharine fora envolvida em um manto de luz. A luz a conduziu para um enorme hospital, todo branco e cercado de jasmins.

Colocaram-na numa maca e a levaram direto para dentro. No quarto, uma cama, lençóis brancos, vários focos de luzes prateada e dourada. Alguns amparadores energizavam o corpo de Katharine com as mãos.

Ela foi banhada com água de rosas. Colocaram roupas limpas e cheirosas em seu corpo. Seus cabelos foram presos em uma trança e preenchidos com pequenas florezinhas de jasmim.

Tudo fora feito com muito amor. Uma sonda alimentava e tirava a sede de Katharine.

Tomaz organizou tudo com muito amor. Fora incansável naquele resgate, assim como em todos que fazia frequentemente. Tratava a todos como a si mesmo, com esmero e amor.

Katharine ficaria ali, fortificando-se por muito tempo. Sua mente estava sendo tratada em outro plano, para impedir que houvessem recaídas e que ela acordasse inesperadamente. Ela fugiria se acordasse antes do tempo e, certamente se perderia novamente nos infortúnios do mundo involutivo e criado pela mente, mas fortificado pelo ódio, rancor, medo e ciúmes.

Sua mente estava sendo desmagnetizada por operadores especializados em magnetismo. Dela, eram retiradas impressões errôneas e animalescas.

Cada caminho, estrada e porteiras de sua mente eram vigiados, estudados e limpos pelo mundo espiritual. Nossa mente pode criar seres irreais e estes podem invadir e prejudicar a vida e a morte de muitos de nós.

Muitas vezes pensamos que estamos sendo obsediados por espíritos ou almas de seres que viveram na Terra, mas, na verdade, estamos obsediados pela nossa própria mente ou por seres animalescos mentais de outras pessoas, mas que estão em sintonia conosco. Estas criaturas podem estar vivas ou não, podem ser pessoas mortas ou pessoas do nosso dia a dia.

Lorenzo, Anita e Eva assistiram a todo o auxílio à Katharine. Entregaram-se em oração, pedindo socorro por ela.

Ana seguiu seus afazeres. Sabia que aquele momento era apenas dos três. Tomaz seguiu silencioso em seus auxílios.

Capítulo 14
FELIPE E MADALENA

Felipe perambulava inconsciente pelos cenários multidimensionais do pós-morte. Em sua vida, jamais acreditara ou pensara que um dia iria morrer. Seus dias, em vida, eram baseados em um dia após o outro. A música era seu viver, o seu sustento, a sua paixão. Depois dela, apenas Madalena e, muito ao longe, o sorriso da pequena e encantadora Eva.

Homem estudioso e amante dos astros, Felipe reconhecia-os com suas intensidades e nomes. Confiava a eles as vibrações de suas músicas, a perfeita sintonia entre o homem e o espaço gravitacional. Sabia que tudo em sua vida ocorreria por sintonia.

Ao ver Madalena pela primeira vez, quando ela ainda era uma adolescente, sabia que ela era a nota perfeita para a sua canção. Sentia em seu íntimo que eles se completariam.

Tudo simplesmente aconteceu...

Felipe e Madalena tiveram lindas bodas nupciais. Música para todo o lado. Um casamento dos deuses. Ele, desde muito cedo, já era possuidor de grande fortuna herdada de seus avós paternos.

Felipe crescera só, jamais conhecera seus pais biológicos. Seus avós paternos o haviam criado, mas com as dificuldades advindas com a idade deles e com suas mortes, quando ele tinha cinco e sete anos, não soube o que era ter uma família, tampouco se lembrava do carinho de uma. Os criados, entre friezas e carinhos, ajudaram no crescimento e desenvolvimento do pequeno rapaz.

Ele jamais tinha sido uma criança. Estudara muito e sobre tudo durante toda a sua vida. Era um homem de pouco conversar. Usava palavras somente quando muito necessário. Através da música, ousada, forte e cheia de vibrações, mostrava as suas necessidades ainda não supridas naquele corpo já crescido.

Madalena remexia em sentimentos latentes dentro de Felipe. O sorriso dela fazia com que ele se sentisse um menino correndo atrás de uma bola, com toda a plenitude de sua vivacidade. Era com ela que ele aprendera a sorrir. O seu canto e suas mãos ao piano transportavam-no para junto dos amados astros que, para ele, eram seus melhores amigos. Era com eles que ele conversava durante sua vida toda.

Aprendera junto a Madalena sobre o toque e o carinho. Amava-a. desejava-a. Faria tudo por ela.

Felipe tinha dificuldades em ter ereções, mesmo com todo o desejo que seu coração sentia por Madalena. Isso lhe deixava extremamente desconfortável. Ele a queria, a desejava, mas seu corpo não correspondia a um molde adequado para copular.

Eles tentaram de tudo. Foram a inúmeros médicos, mas nada. Remédios, indicações protéticas que, para a época, eram deslumbrantes e inovadoras, mas nada acontecia.

Felipe entristecia-se porque via Madalena fragilizar-se. Via sua amada entristecida pelos cantos, porque o que ela mais queria era ter filhos.

Sexualmente, eles se resolviam de outras formas, mas a penetração tão esperada para poder gerar um filho jamais fora alcançada, nem sequer uma vez.

Felipe não sabia que, em vidas passadas, fora gigolô da própria Madalena e de muitas outras mulheres. Estuprara e fizera com que muitas crianças fossem abortadas. Era impiedoso e mal. Madalena vivia com ele como esposa, mas trabalhava como prostituta para o seu próprio marido. Com o tempo, havia se acostumado a essa vida. Tudo o que ela não queria era ter um filho. Madalena ficou grávida muitas vezes – ela matava os recém-nascidos logo após saírem de seu ventre. Foram inúmeros os espíritos que vieram por ela e que não puderam completar a sua jornada terrena.

Felipe era frio e onipotente. Vivia sujo e cheirando a cigarros. Seu mundo era o sexo e a luxúria. Maltratava as mulheres. Ele mesmo fazia muitos dos abortos nas prostitutas. Cuspia nas pessoas, sempre desdenhando a todos.

A única pessoa que lhe fazia parar era o seu pai. Ninguém sabia, mas ele era filho de um homem cego – para aquela época, isso era inusitado. Eles foram torturados por seus patrões, por terem roubado comida quando Felipe ainda era uma criança.

Felipe assistira a tudo. Escondera-se naquele celeiro para, também, não perder os seus olhos. Arrancaram os olhos de seus pais como se retirassem um grão de feijão de seu caldo – friamente e sem cuidado algum.

O menino esperou que o patrão saísse e fora ajudar seus pais. Escondeu-os por um bom tempo naquele celeiro. O patrão, envolvido com outros afazeres, esqueceu deles.

Felipe lavava os cavalos e ganhava em troca comida, para ele e para os seus pais. As feridas dos olhos deles cicatrizaram. Seu pai, exímio domador de cavalos e amante deles, ensinara-o a também amar estes animais.

Mesmo sem os olhos, ensinou de coração tudo a Felipe. Sua mãe caiu em profunda depressão. Fechou-se dentro de si mesma, perdendo os movimentos de seu corpo.

O menino se tornou homem – um homem machucado pelos sacrifícios. A mãe morrera com a forte depressão. O pai, amável e doce, ensinava tudo o que sabia.

Mas a vida ainda era muito difícil ali, e Felipe resolveu sair daquele lugar. Conheceu Maristela, uma prostituta que lhe provocava de vez em quando. Foi com ela que se iniciou naquela vida de gigolô. Montou para o seu pai um lar, simples, mas confortável. Omitia de todos a sua verdadeira história. Tinha medo de que alguém fizesse mal ao seu querido pai. Sustentou-o e cuidou amorosamente dele até o final de seus dias.

Seu amado pai retornara nesta existência como seu avô, mas convivera com ele por pouco tempo. Como o destino é descrito por linhas energéticas e cheia de sapiência universal, em nome de todo o cuidado que tivera com ele e de outros vínculos preciosos da reencarnação, nesta existência, ele viera com várias posses, para que não caísse novamente no erro de ser um gigolô. Sua avó também era a sua mãe daquela vida passada.

OS NÃO ACASOS DA VIDA. OS ENCAIXES E DESENCAIXES DE NOSSAS ALEGRIAS E DE NOSSAS TRISTEZAS.

Uma nuvem de tristeza começou a permear a vida do casal. Felipe presenciava o semblante caído de Madalena. Por ele, não teriam filhos, mas por ela, somente por ela, ele teria quantos a fizesse feliz.

Madalena foi perdendo a voz. Nenhum médico, nenhum remédio resolvia o seu problema. Felipe sabia, os astros lhe falavam que ela precisava ter um filho.

Ele e ela conversaram sobre a adoção que, até então, para a época, significaria uma vergonha, ainda mais na posição social deles. Mas como não haveria outra solução e não podendo esquecer da avançada idade de Madalena, resolveram investir nisso.

Felipe passou a orar. Ele orava pelos seus amados astros. Foi em uma destas orações que viu quando algo se mexeu naquele astral.

Viu rapidamente o rosto de uma menina. Alegrou-se, sabia que algo novo estava a caminho. Contou, pela primeira vez, o que acontecera para a sua esposa. Ela, na mesma noite sonhara que tinha um bebê no colo.

Felipe resolveu ir ao convento. Sabia que lá eram deixadas muitas crianças que haviam sido abandonadas. Madalena o acompanhou. Quando chegaram, Eva acabara de ter nascido. A madre superiora pediu aos dois que voltassem na madrugada e avisou-os de que ninguém poderia saber disso.

Felipe e Madalena ficaram felizes e muito nervosos. Teriam que esconder a pequena menina por muito tempo. Teriam que inventar que Madalena estava grávida, mas doente. A sociedade não poderia saber que ela era adotada.

Foi assim, que na madrugada fria daquele dia, Eva foi recebida com muito amor por Felipe e Madalena. Felipe sentir o amor a Eva através do amor que sentia por Madalena. Ela era a sua amada, mais ninguém, mas serviria e cuidaria de Eva com todo o carinho, além de providenciar tudo o que fosse necessário para a pequena.

A madre superiora fez um único pedido, com os olhos cheios de lágrimas, que colocassem o nome da pequena de Eva, a pedido da mãe.

Felipe e Madalena receberam aquela criança como um sinal dos astros. Sentiram a benevolência da madre superiora. Perceberam a preocupação da madre em entregar-lhes aquela menina. Souberam, naquele momento, que Eva era especial.

Nunca mais viram a madre – seus olhos exaltados e esperançosos guardavam silenciosamente um agradecimento a Deus, porque ela sabia que se até amanhecer do outro dia não aparecesse ninguém para levar aquela criança, ela mesma teria que sacrificá-la, como já havia feito com inúmeros bebês que nasciam. Sentia que o nascimento de Eva era um sinal de mudança em si mesmo e, em nome de Deus, pedia por esta mudança.

O tempo passou e Eva continuava escondida da sociedade. No início, Madalena parou de trabalhar com o marido. Avisaram a todos que a gravidez fora difícil e que mãe e filha precisavam de resguardo. Com o passar dos anos, enquanto Eva crescia formidavelmente, Madalena saía, viajava com a orquestra e deixava Eva a cuidado de suas serviçais. Ninguém jamais desconfiou que eles haviam adotado uma criança.

Por mais amor que tivessem por Eva, Madalena e Felipe não conseguiam transmitir todo este sentimento à filha adotiva. Parecia que ela pertencia a alguém que não fossem eles.

Capítulo 15
A HISTÓRIA DE AURORA A MADRE SUPERIORA

Aurora, em um momento de oração, pede perdão a Deus, pelo que fez com a jovem Anita. Ela ainda podia sentir a dor da jovem que via a sua filha ir embora. Suas lágrimas rolavam em seu rosto, ao lembrar-se dos gritos da menina pedindo que não levassem a sua filha, que dormia como anjo em seus braços.

Naqueles minutos de oração, as lembranças de seu passado vêm à tona. Tudo o que deveria ser esquecido, naquele instante, vem à mente, junto com todo o sofrimento por ela vivido – abre a antiga ferida.

A história da jovem que lhe fora entregue lhe fez lembrar o seu passado, com apenas uma diferença, a criança que fora tirada de seu ventre fora morta, por ser fruto de um amor considerado proibido por seu pai.

Na França de séculos passados, a jovem Aurora tinha no rosto um largo sorriso que encantava a todos. Seu pai Fransoá era homem influente da alta sociedade e sua mãe Marie era mulher simples, submissa ao marido e com um olhar triste.

Marie era uma mulher muito bonita, com lindos olhos claros e cabelo cacheado. Com o tempo, Fransoá se mostra um marido autoritário e ciumento, muitas vezes cruel em suas atitudes. Marie vivia à sombra de seu marido, submissa aos seus caprichos. Tiveram filhos e uma menina chamada Aurora, nome escolhido pela mãe.

Aurora se torna uma jovem linda, causando encantamento aos homens. Mas Pablo já era dono de seu coração. Um amor proibido e perigoso tomava conta daquelas almas. O retorno de almas apaixonadas que deliram com o reencontro e sofrem com a descoberta do proibido em meios familiares divergentes. Suas famílias eram inimigas.

Pablo era espanhol. Viera da França visitar o tio Juan, considerado inimigo declarado de Fransoá – desafetos antigos onde o ódio prevalecia acima de tudo e laços animalescos que carregamos de vidas passadas e que se fecham em sentimentos vingativos por memórias escondidas, mas ainda sentidas inconscientemente.

Aurora e Pablo encontravam-se às escondidas. Ela engravida, mas, antes de contar a Pablo, seu pai descobre tudo, inclusive a gravidez. Marie é levada às pressas para o convento, no qual ele tinha grande influência. Sem piedade ou amor por sua filha, ordena que matem a criança ao nascer e que preservem a sua filha como uma distinta madre que se tornaria. Julia, parteira e de grande confiança, não hesita em realizar as ordens de Fransoá.

Um grande menino nasce, sendo sufocado ao nascer, conforme o ordenado. A jovem, ainda tonta e enfraquecida, procura pela criança e ao dar-se conta de que não está ali, pergunta para Julia, que afirma ironicamente que o bebê nasceu morto. Naquele momento, a jovem chora o dolorido choro de perder um filho. Nada mais seria o mesmo. Julia, compadecida pelo sofrimento da menina, abraça-a e conta toda a verdade, causando em Aurora um verdadeiro ódio por seu pai. Seu coração transformou-se em pedra e jurou nunca mais amar alguém. Passou a odiar também a Pablo. Onde estaria ele? Por que não veio até ela?

Ódio, rancor, medo, paixão e sofrimento misturavam-se dentro dela. Julia, arrependida de ter causado aquilo, passa o resto de sua vida com a cena dolorosa do choro e do ódio emanados por Aurora.

Aquele fora o último bebê sacrificado por Julia. O sacrifício de uma criança servira de lição para o resto de sua vida. A partir daí, passou a sacrificar-se por todos os bebês que nasciam. Fazia de tudo para salvá-los.

Muitos anos mais tarde, já quase sem forças nas mãos, mas aquecida pelo coração, ajudara muitas crianças a nascerem no Lar das Borboletas. Muito ajudou Eva com aquelas mães que não tinham para onde ir. Ela mesma, já em idade avançada, fizera o parto de Pietro, o seu último antes de morrer. O menino, atravessado no ventre materno, nascera de uma mãe já quase desfalecida, mas Julia uniu todas as suas forças e práticas como parteira para que aquela criança fosse tirada com vida. E foi o que ocorreu. Pietro nasceu grande e pronto para uma nova etapa evolutiva de sua existência.

Fransoá manda surrar Pablo e obriga-o a escrever uma carta a Aurora, dizendo-lhe que amava outra pessoa. A fúria de Aurora aumentava ainda mais. Nela, ele diz que vai embora para nunca mais voltar. O amor por ele se esconde dentro de um cantinho secreto em seu coração.

Marie nunca pôde visitar a filha, mas lhe escreve cartas incessantemente e, junto com elas, envia um pequeno botão de rosas, demonstrando o seu amor e saudade.

Após algum tempo, as cartas cessaram e a triste notícia da morte de Marie chegou. Agora, seu coração guardava também a tristeza da perda de sua mãe.

Foram anos e anos de total sofrimento. Ela não permitia que nenhuma criança nascesse ali, naquele convento. Eva foi sua única exceção.

Aurora sabia que aquela menina mudaria a sua vida para sempre. O amor que ela sentiu no olhar de Anita pela sua pequena Eva fez-lhe com que a sua vida voltasse novamente. A jovem Anita com a sua pequena Eva devolveram o amor que estava escondido dentro de Aurora. Quando pegou Eva em suas mãos, sentiu que um calor de amor percorreu o seu corpo, como se vários choques lhe acordassem de um grande pesadelo. Parecia que, a partir dali, alguma coisa inexplicável, mas boa, lhe acalentava e lhe fazia mudar o rumo dos acontecimentos. Sentiu que ela poderia mudar aquela história. Sentiu que tinha forças para isso.

A partir de agora, ela era novamente Aurora. Buscou dentro dela toda a força que havia perdido. Uniu-se à Anita, ensinando-lhe tudo o que sabia. Permitiu que fossem criados orfanatos dentro do convento. O amor entre as duas era transformador e colhia frutos para muitas pessoas.

Aurora morrera alguns anos depois, vitimada por muitos sangramentos uterinos. Em seu leito de morte, contava com a mão amiga da quase filha Anita.

Capítulo 16
VICENTE E O LAR DAS BORBOLETAS - ESPLÊNDIDA

Vicente era um homem de negócios, elegante e viajado, além de ser um grande conhecedor da música.

Amigo e investidor da carreira de Felipe e Madalena, passa a viajar frequentemente para acompanhar mais de perto os concertos de seus amigos.

Em uma visita de negócios, Vicente conhece Eva e demonstra um grande interesse pela jovem, que o encanta desde o primeiro momento.

O tempo passa e a morte de seus amigos e os cuidados diários com Eva tomam conta de sua vida. Ele esquece, por muitas vezes que, em outra cidade, possui mulher e filhos. Perdidamente apaixonado por Eva, guarda este segredo a sete chaves. Escreve cartas à sua esposa e filhos e pouquíssimas vezes vai visitá-los. Sofre ardentemente por sua mentira, mas prefere mentir a perder o seu grande amor.

Eva percebia que algo estava errado, mas a sua doce personalidade preferia deixar tudo como estava.

Vicente era um homem maduro, com grande diferença de idade de Eva. Ela demonstra grande maturidade, não comum em mulheres da época, e não se sentia incomodada por ele ser tão mais velho.

Em uma tarde, Eva senta-se à sala e toca ao piano a música preferida deles e de seus pais e sente profunda saudade.

Vicente seca suas lágrimas, dizendo:

– Sempre cuidarei de você, e assim que eu resolver alguns negócios, ficaremos sempre juntos e teremos vários filhos.

A sinceridade de suas palavras enalteceram ainda mais o que ela sentia por Vicente. Poucos dias depois, Eva compra um lindo vestido de noiva, em segredo. Guarda-o com todo o seu carinho e sem pressa de usá-lo. Sabe, em seu coração, que o dia chegará.

Certo dia, ao andar na rua, Eva encontra um menino abandonado, que faz despertar no seu coração uma profunda vontade de ajudar os que necessitam e, sabendo ter condições para isso, procura Vicente.

Quando, ela lhe fala da ideia de construir uma casa para ajudar os necessitados, Vicente concorda sem questionar, pois além de ser um homem bom, ele sabia que Eva se sentiria muito feliz. Surge o Lar das Borboletas.

Monta-se o Lar das Borboletas. Pietro, o menino encontrado na rua, torna-se o primeiro morador. Eva trata-o como o seu próprio filho, sente nele algo jamais sentido.

Muitos meninos e meninas vão residir ali. Eva entrega-se àquele Lar. Dedica-se a todas aquelas crianças como se elas fossem parte da sua família. Vicente alegra-se cada dia mais por ver Eva tão feliz.

A peste toma conta do vilarejo. Muitos morrem, inclusive Eva. Em seu leito de morte, pede que Vicente cuide de Pietro como o seu próprio filho. Pede que o torne médico, se assim for a sua vontade. Vicente promete que cuidará de tudo. Eva morre e Vicente entrega-se à mais profunda tristeza.

Muitos anos passam. A ausência de Eva enfraquece Vicente. Nem mesmo os seus filhos, lhe fazem sorrir. Ele voltara para a sua família, logo após a morte de Eva, nunca se descuidando do Lar das Borboletas e dos estudos de Pietro.

Todos os bens de Eva são passados para Pietro, que cuida com afinco de tudo o que fora lhe presenteado.

Em sua casa, Vicente procurava conviver bem com a mulher Josefa e os filhos Willian e Estefani, procurando dedicar-se a eles, mas guardando em seu coração o segredo que o fazia chorar nos momentos de saudade.

O tempo fora passando e aquele homem, que antes parecia tão forte, definhava. Contraiu uma grave doença que lhe comprometia os pulmões. A tristeza o tomou por completo. A traição à sua querida esposa e a saudade de sua amada Eva corroíam-lhe a alma.

E assim, após uma noite muito fria, na qual a neve esculpia os galhos das árvores e o frio doía no corpo, Vicente pede à esposa que abra um pouco a janela e o deixe observar o sol. Vicente olha para a janela e vê que por ela entra uma luz suave que se expande, mostrando o rosto de Eva. As mãos estendidas em direção a ele e um cheiro de rosas invadem. Uma sensação de paz o faz flutuar, leve como pluma ao vento, enquanto tudo silenciava. Ao retornar, Josefa olha o semblante tranquilo do marido, mas observa que ele já não tem mais vida e, chorando, manda chamar os filhos que, tristes, providenciam o funeral.

Josefa chora baixinho a morte do marido. Ela o amava, talvez não como seu marido, mas como pai de seus filhos. Eles eram primos. Seus pais obrigaram-nos a se casar, quando ainda eram bem jovens, para unirem suas fortunas e quitarem suas dívidas. O amor jamais existiu entre os dois. Respeitavam-se apenas. Josefa sabia silenciosamente de Eva e permitia que o marido vivesse isso. Ela sabia que ele amava Eva e sofria, muitas vezes, por não poder facilitar para que ele se casasse com ela.

Uma grande mulher era Josefa, amiga de Vicente em todos os momentos. Sabia que poderia ter dele apenas a amizade e o carinho e contentava-se com isso. Amava seus filhos mais do que tudo e vivia para eles. Não sonhava apaixonar-se por alguém. Seus filhos já lhe bastavam.

CAPÍTULO 17
PIETRO - NINA - EVA
TROCAS NECESSÁRIAS

No Lar das Borboletas, Eva contava com amigos sinceros, entre eles, Nina, que morava ali desde que o Lar fora fundado. Viúva e órfã de pai e mãe, ela cuidava amorosamente de tudo como se fosse dela. Seu marido e seus filhos morreram em um incêndio em sua própria casa. Ela havia se salvado por obra de Deus. Com a explosão, fora expulsa através das vidraças, caindo em um mato fofo que amenizou a sua queda. Com o incêndio, Nina perdera também quase todas as suas posses, já que o tesouro da família encontrava-se em um local dentro da moradia incendiada.

Nina e Eva eram conhecidas. Eva dava aulas de piano para um de seus filhos e sempre era recebida com muito carinho e atenção por Nina em sua casa. Eva tinha por ela grande consideração e a chamava carinhosamente de tia Nina.

Nina era dedicada e cuidava de tudo com muito carinho e atenção – seus olhos transpareciam a sua bondade. Ela dizia que Deus, por um lado, lhe tirara seus filhos, mas, por outro lado, no seu novo Lar, o das Borboletas, Ele havia lhe dado muitos outros, entre eles o menino Pietro, no qual ela tinha um zelo especial. Assim como todos que ela cuidava, Nina o considerava como um filho de coração. Ensinou-o a ler e a escrever, antes mesmo de ir para a escola. Nina cuidava de Eva como uma mãe. Dava-lhe conselhos e cuidava de tudo que fosse referente à sua carreira, ao seu casamento e à sua saúde. Uma parte de Nina morreu, mais uma vez, quando Eva faleceu.

Com a morte de Eva, o Lar já não parecia o mesmo. Nina dizia:

– Podem me chamar de louca, mas sei que Eva está presente neste Lar. Posso vê-la pelos corredores, observando se está tudo bem, e ela não nos quer tristes.

O menino Pietro, atento, a escuta e lhe diz:

– Eu sei que não és louca – e lhe dá um beijo na testa.

Quando Pietro é enviado para Londres para estudar, Nina se despede, dizendo-lhe:

– Quando você retornar já formado, estarei aqui para te receber com muito orgulho.

Após alguns anos, Pietro retorna e Nina o aguarda na porta, sorridente e orgulhosa do jovem médico. Felizes pelo reencontro, percorrem os corredores do Lar. Pietro observa que nada mudou desde que dali se fora para estudar. A única diferença era que as crianças haviam crescido e que alguns velhos já haviam partido, mas o amor e a dedicação de todos que ali trabalhavam permanecia igual. Ele sabia que isso se devia à dedicação de todos e, principalmente, ao amor de Nina, que estava sempre atenta a tudo, ajudando Vicente.

Ao conversar com Nina, Pietro lhe pergunta se ainda vê os que já se foram, como antes via, e ela lhe diz, brincando:

– Sim, mas não sou louca doutor!

Quando chega ao jardim, Pietro vê que ele está tão lindo quanto na época em que o cuidava. Havia algo diferente, um lindo caminho de rosas que antes não havia. Nina lhe apresenta o senhor que cuida do jardim e este, sorridente, o cumprimenta:

– Meu nome é Jorge, à sua disposição, Doutor.

Seguem pelo vasto jardim, no qual Nina o coloca a par de tudo o que acontecera nos anos em ele esteve fora. Ela se enche de alegria quando Pietro lhe diz que ficara ali e que ajudara Vicente a continuar o trabalho de Eva. Nesse momento, Nina vê Eva próxima a um pé de rosas, sorrindo para eles. Nina diz a Pietro:

– Sei que Eva ficaria muito feliz com isso.

Com o tempo, o Lar das Borboletas se torna um exemplo de amor ao próximo e acaba despertando o desejo de algumas pessoas de conhecê-lo e também ao jovem médico, que ao Lar se dedica.

Em um dia chuvoso, uma mulher e uma jovem batem na porta. Nina lhes atende e a mulher diz:

– Passávamos por aqui e gostaríamos de conhecer o Lar, se nos for permitido.

Nina as recebe, atenciosa como sempre, e percebe que a mulher se emociona ao olhar na parede o quadro com a foto de Eva. Ela conta o porquê de sua emoção:

– Me chamo Marta, sou enfermeira e cuidei de Eva antes de sua morte. Ela me falou deste lugar e eu sempre tive vontade de conhecê-lo. Parece que já estive aqui, pois Eva me descrevera o Lar das Borboletas e tudo está exatamente como me fora descrito. Eu disse a ela que um dia gostaria de conhecer e hoje, ao passar pela cidade, tive a oportunidade de vir e conhecê-lo, junto com minha filha Clara.

Nesse momento, Pietro entra pela porta e seus olhos brilham ao olhar para a jovem a ele apresentada junto com sua mãe. Ele diz a elas que precisam voltar outro dia, para que conheçam melhor o lugar, já que, com a chuva, muito não pôde ser visto, como o lindo e vasto jardim. Despedem-se e, ao irem embora, Clara olha para Pietro e sente o coração disparar. Nina percebe que os jovens se gostaram e se lembra do sonho que teve com Eva, no qual ela dizia que Pietro encontraria uma jovem que o faria muito feliz.

Passado uns dias, Marta retorna com a filha ao Lar. O lindo dia de sol permite que tudo seja mostrado e o lugar lhes parece encantador. Marta conversa com Nina sobre o motivo pelo qual estava ali:

– Gostaria de trabalhar com vocês. Sei que posso ser muito útil aqui. Conversei com o meu marido e ele disse não ter nada contra, já que iremos morar aqui perto.

Enquanto isso, Pietro e Clara percorrem o jardim. Ela conta a ele que terminará os estudos já no próximo ano, e que poderá dar aulas:

– Gosto de ensinar, não só a ler como a escrever, e também de ensinar música. Vi que vocês têm no local um lindo piano, e eu adoro piano. Se me permitirem, tocarei aqui.

Os dois têm uma grande afinidade que transparece aos olhos de todos. O piano é tocado e todos se encantam com a música que parece penetrar em seus corações.

Pietro se encanta cada vez mais pela jovem e tem a certeza de que ela será a dona de seu coração. Nesse momento, ambos sentem que é amor o que um têm pelo outro. Após terminar os estudos, Clara dedica algumas horas de seu dia também ao Lar, onde ensina para as crianças a leitura e a escrita e, nas horas vagas, enche o lugar de alegria com as músicas tocadas ao piano.

Com o tempo, Pietro pede Clara em casamento, o que deixa a família da jovem feliz, pois sabem o quanto a filha gosta de dele e o quanto serão felizes.

E é com esta harmonia que o Lar das Borboletas segue. Depois da morte de Eva, Vicente pouco vai ao Lar, mas não deixa de se preocupar, procurando sempre saber se tudo está bem. No fundo, o que o tranquiliza é Pietro e sua dedicação ao Lar. Quando sabe do casamento, Vicente se alegra muito e faz questão de estar ao lado de Pietro. Ao olhar o modo terno como Clara olha para o rapaz, tem a certeza de que ele fizera uma boa escolha.

Após o casamento, que fora nas terras do pai de Clara, em uma capela simples, a pedido dos noivos, o casal faz uma viagem, presente de Vicente, para que Pietro conheça a França. Pietro deixa o Lar organizado para os dias que estará fora e Vicente toma conta de tudo junto com Nina.

Ao chegar à França, Pietro fala para a sua esposa que sente algo estranho, parece já ter estado naquele país, mas nunca havia saído da Inglaterra antes. Nos dias em que estão na França, um amigo de Vicente hospeda o casal em sua casa. Ele apresenta Pietro a outros médicos. Eles trocam várias ideias e isso, para Pietro, é muito importante, já que gosta de estar bem informado sobre o que há de novo em relação à medicina. Ele aproveita a viagem e adquire vários livros indicados por amigos médicos.

Passado um tempo, retornam à Inglaterra. Na bagagem, um misterioso buquê de rosas, o qual não sabiam quem o havia deixado.

No Lar das Borboletas, o ambiente era de festa. Todos aguardavam felizes o retorno do casal, que chegara de viagem cheio de novidades e presentes. Vicente, após um tempo, pede para falar com Pietro e lhe entrega um documento, no qual diz que o Lar das Borboletas passa a ser dele. Vicente lhe diz:

– Não existe pessoa mais indicada a ficar e a dar continuidade a esse lugar. Se Eva fosse viva, sei que faria o mesmo. Deixo a você, também, as propriedades de Eva, elas ajudam a manter o Lar. Sei que é o mais correto a fazer, já que tenho outra família. Vou me afastar, mas você pode contar comigo sempre. Sei, também, que também poderei contar com você.

Despedem-se e Pietro toma a frente dos negócios de Eva, sem nunca perder a humildade que o torna tão especial. Após algum tempo, Clara demonstra mal-estar e enjoos. Nina coloca a mão em sua barriga e diz, sorridente:

– Minha querida, vamos ter novidades... Você será mãe.

Passado um tempo, a gravidez se confirma. Pietro sente uma felicidade como nunca sentira antes. Clara, sempre que tinha um tempo disponível, se sentava em um banco no jardim do Lar das Borboletas e sentia um suave canto que vinha do além, assim como o cheiro de rosas que invadia o local. Ela sabia que estava sendo observada. A paz inseria-se ainda mais, dentro dela e do bebê.

Sempre que podia Pietro, visitava a Nina, trazendo cuidados terapêuticos aprendidos no outro país. Cartas intensas de sinceridade e saudade invadiam os dois. Como mãe e filho, ambos se entendiam, mesmo à distância – ele estava sempre viajando, em busca da medicina.

Nina sentia a presença frequente de Eva no Lar das Borboletas. Muitas vezes, podia até mesmo ouvir a voz dela, lhe dando conselhos. Quando tinha dúvidas sobre este ou aquele atendimento, ela deitava-se em leve sono. Sentia seu corpo astral afastar-se do corpo físico, que ia até uma linda capela, onde se encontrava com Eva. Ambas conversavam. Nina sanava suas dúvidas e se alimentava do amor de Eva. Instantes depois, Nina retornava ao corpo físico e continuava seus afazeres com a memória recente do encontro com a amiga. Muitas e muitas vezes isso se repetiu. Nina tinha desenvolvido o dom do desdobramento astral consciente. Ela não o usava em sua plenitude, mas já usufruía de seus benefícios para conversar com a amiga. Ela não julgava o que acontecia com ela, apenas sentia, em seu coração, que o que acontecia era verdadeiro e necessário. Tomava lições com Eva e com outros espíritos que sentia que estavam ali presentes.

Nina, em vidas passadas, fora uma grande estudiosa e praticante do desdobramento astral. Saía a estudar além das fronteiras adimensionais. Seu coração puro e sua sinceridade, além de um ideal de doação naquela existência lhe permitiam continuar a usufruir deste aprendizado de outras vidas.

Todos, através do merecimento, trazemos ensinamentos pré-adquiridos. Com a vontade verdadeira e a prática do amor pela humanidade, estes ensinamentos voltam a alimentar nossa máquina existencial. Reerguemos pedras com um só dedo, movemos montanhas com um só pensamento e cicatrizamos feridas com um só olhar, porque trazemos dentro de nós a chama divina e única do amor verdadeiro.

Capítulo 18
DENTRE TANTAS EXISTÊNCIAS DE AURORA

Uma senhora gorda, com vestes de freira, cercada por crianças. Uma enorme cadeira de madeira, com braços e pernas largas, além de um grande encosto. Crianças que vão e crianças que voltam. No ar, o cheiro de rosas. No vento, a leveza da tranquilidade. Nos olhares, a alegria e a certeza de que tudo está bem. , Eis o cenário de uma outra dimensão.

Falamos agora de Esplêndida. O Lar, o além-túmulo de Aurora. É onde parte dela se encontra neste exato momento – cuidando de crianças abortadas ou mortas inesperadamente.

Aurora se mostra feliz. Tereza e Natan se posicionam ao lado dela. A harmonia se faz presente. Risos, alegria, amor e dedicação estão ali.

Aurora, em vidas passadas fora Maristela, cafetã de Felipe. Usou e abusou de sua energia sexual e cometeu inúmeros abortos, entre eles, o do espírito de Anita.

Passaram por ela inúmeros homens, de todas as idades e perfis, mas o único que realmente se interessou fora por Felipe. Este, mais jovem e ambicioso, usou-o por várias vezes. Ele aprendeu com ela as lidas da prostituição, assim como os seus benefícios financeiros.

Maristela bebia exageradamente – gritava e grunhia em suas bebedeiras. Queria o poder. Roubava de seus clientes. Mentia por qualquer tostão. Se fosse preciso, matava por dinheiro. Sua vida era cheia de inconsequências. Suas memórias eram de tristeza e desconsolo. Preferia não lembrar o que fora do seu passado. Preferia viver no presente, entregue ao álcool, ao dinheiro e à prostituição.

Ela vivia nas ruas, de um lado para o outro. A idade foi avançando, o corpo já cansando. Maristela sentia que não poderia viver assim para o resto de sua vida. Não sabia mais o que fazer. Entregava-se, cada dia mais, ao desespero e ao álcool.

Numa manhã fria, Maristela acordou com a cabeça no colo de um menino – grandes olhos negros ele tinha. Parecia sujo, mas feliz. Seus cabelos estavam descabelados, seu rosto estava todo marcado de arranhões e seu nariz pingava secreção – parecia estar doente.

Ao ver aquele menino daquela forma, Maristela achou, por um instante, que havia morrido e que um anjo, bom anjo, mas sujo, em forma de menino estava cuidando dela.

Logo ela sentiu que não havia morrido. Suas costas começaram a doer pelo contato com o chão gelado e duro. Percebeu que o menino havia tirado o seu próprio casaco para cobrir o seu peito quase desnudo.

O menino sorriu. Ela também. Sem entender ou falar qualquer coisa, os dois ficaram a se olhar.

Naquele momento, Maristela inexplicavelmente entendeu que ainda havia uma esperança. Deus, que ela nem lembrava que existia, estava falando com ela.

O menino não falava, nem ouvia. Um de seus olhos estava vazado, parecia que não podia enxergar. Contudo, era o menino mais lindo que ela já tinha visto.

Ele pegou-a pela mão. Ela, cambaleando, seguiu-o, completamente em silêncio. Chegaram em uma grande estação de tratamento de água e esgoto. Havia canos grandes e largos por toda a parte.

O menino bateu palmas três vezes. Algumas crianças surgiram de dentro daqueles canos. Maristela acreditou estar sonhando. Crianças apareciam por todos os lados, sujas, mas felizes. Mulheres vieram depois. Eles pegaram Maristela pela mão, abriram um tipo de alçapão que havia no chão, desceram por uma escada e chegaram no Lar daquelas crianças e mulheres. Era incrível que no meio de toda aquela pobreza e sujeira havia amor e felicidade. Ela sentia-se em casa, como jamais havia sentindo-se em lugar algum. Parecia que encontrara a sua família.

Eles eram ciganos. Seu povoado fora destruído por traidores locais. Muitos de seus pais foram mortos. Algumas e poucas mães sobreviveram. Eles mantinham-se da venda de algumas frutas que conseguiam comprar mais barato e de artefatos que conseguiam fabricar, mas a vida era difícil e dura. Eles precisavam fugir a todo o instante. Acreditavam que os traidores estavam por perto e que eles os matariam.

Maristela comeu uma sopa de legumes com eles e bebeu água. Ela não conseguia se comunicar, parecia que não falavam a mesma língua.

Uma das mulheres veio até ela, pegou sua mão e sorriu. Ela entendeu que a cigana estava lendo sua mão, mas não conseguia entender o que ela falava. Ela apenas entendia que a cigana dizia para ter calma, que tudo ficaria bem e que aquele menino era o destino dela. Parece que a cigana dizia que Maristela teria que ficar com ele.

Maristela olhava para o menino. Ele era um anjo, um encanto. Ele havia salvado a sua vida, lhe resgatado de um mundo que ela não queria mais.

Muitos dias se passaram e Maristela ficou ali, sendo cuidada e fortificada. Um dia, ao acordar, percebeu que o menino passava a mão em seus cabelos. Maristela chorou e sorriu, jamais havia sentido tamanho carinho e amor por alguém. Ela sentiu que ajudaria aquele menino a sair dali, que ele pertencia a ela.

Depois de muito tempo, ela percebeu que todos tinham levantado acampamento e ido embora. O menino com ela. Maristela lembrou dos olhos daquela cigana. Sabia que eles lhe diziam que tudo melhoraria.

Mal sabia Maristela que naquela calçada e naquele acampamento recomeçava o reencontro de dois espíritos que se ajudariam. Maristela e João, assim como ela o chamava, que eram Aurora e Eva em uma próxima existência.

Mesmo em meio a toda desorganização e futilidade da vida de Maristela, ela havia guardado um pouco de dinheiro. Tinha comprado uma casa, mas jamais a organizara ou arrumara. Era uma verdadeira espelunca, cheia de garrafas e cheiro de álcool por todos os lados. Nas épocas de boa vida, ela guardava o dinheiro em uma grande caixa e colocava em um buraco debaixo da terra. Por muito tempo, Maristela esqueceu deste dinheiro. Mas agora, com a chegada de João, Maristela queria ter uma família e organizar a sua vida. Ela acreditava que João era um anjo bom enviado por Deus.

O tempo passou. João passou a estudar e Maristela, a cuidar da casa como uma verdadeira mulher. Adotou legalmente João e largou a vida de cafetina. Sustentava-se de pães e doces que vendia e fazia tudo isso com muito amor. Por nada voltaria àquela vida de prostituição. Cada vez que algo de ruim acontecia, ela lembrava os olhos silenciosos de João naquela manhã fria em que ele a fez ressurgir das cinzas e voltar à vida.

Maristela passou a ter fortes dores. Todo o corpo doía. Foi perdendo os movimentos. Caía frequentemente. Nenhum médico conhecia a sua doença. Até que ela morreu nos braços de João, este já homem e com personalidade. Enterrou com glórias a sua mãe, a sua Maristela, amiga e cuidadora. João continuou seus estudos e seu dom pela música. Alimentou a dor da saudade ao som do seu amigo piano.

Maristela e João abriram a sintonia e a libertação dos reencontros existenciais do Ser. O mesmo olhar que fizera Maristela ressurgir, quem sabe não fora lembrado ou sentido por Aurora ao sentir a pequena Eva em suas mãos? Encontros e desencontros que trazem sentimentos incompreendidos e inexplicáveis para a mente humana. Encontros de coração que nos fazem parar com tudo e redirecionar. A pequena Eva fez com que Aurora seguisse na direção certa, assim como o pequeno João fez com que Maristela mudasse de vida. Esses são os segredos do existir que não são revelados ou ditos, mas que se fazem parte na vida.

As muitas crianças brincam e pulam ao redor de Aurora. Gorda e em vestes de freira, ela parece mãe de todas elas. Parece uma Nossa Senhora, com seu manto, protegendo todos os seus filhos.

Aurora olha ao relento. Sorri largamente. Chegam de mãos dadas, Eva e Tomaz. Ambos vestidos em vestes brancas e ainda plasmados com o último corpo existencial.

Tomaz e Eva, juntos com Aurora, são cuidadores de Esplêndida, o Lar das crianças sem pais, abortadas ou não nascidas. Ali o amor é a lei local, é o que constrói e restaura.

As crianças expressam alegrias. Há árvores frutíferas e muitas flores por todos os lados. Uma grande cachoeira provoca uma canção com o ritmo das águas da mãe natureza.

Eva e Tomaz sentam-se com eles. Ciro e Katarina também chegam. Tudo é amor e aprendizado.

Aurora entende que é hora de retornar à Terra. Outros cuidarão daquelas crianças que, no momento certo, também retornariam.

É assim que, em um momento imensurável, Aurora retorna ao plano existencial terreno, sendo filha de Pietro e Clara. Mais um reencontro cheio de propósitos. Mais enlaces cheios de amor.

Capítulo 19
DAMIÃO E SUA ORAÇÃO A DESPEDIA

Damião recolhe-se em oração. O perfume de rosas exala no ambiente. A vida dentro da morte rompe barreiras energéticas. O tempo é imensurável. As lembranças do Ser vibram em sintonia com vivos e mortos, nos lares existenciais, nos diversos planos dimensionais. Ele é pura oração. Seu corpo vibra. Seu coração vibra em frequência amorosa.

É chegada a hora de meditar, de pedir auxílio para os próximos passos. Almas já foram reveladas. Revoltas internas já foram desmanchadas e entendidas. A reencarnação com seus propósitos já vibra em sintonia ascensional.

Damião olha para o corpo que habita naquele momento. Seu veículo corpóreo, que usa para adentrar nos diversos planos existenciais do Ser. Ele veste uma túnica larga e solta, de cor salmão. Posso senti-lo aqui e agora. Está em um grande jardim repleto de rosas coloridas, muitas delas são de cor branca.

Sinto que estamos em sintonia, eu e ele. Ele convida-me a sentar naquele banco de jardim. Suas mãos são largas, lisas, claras e não possuem linhas de expressão. Posso dizer que são muito acolhedoras.

Uma energia pura me invade. Eu confio e sento com ele, naquele banco. O cheiro de rosas me deixa tonta. Um sentimento jamais sentido toma conta de mim. Observo o jardim. Várias estradas. Vários caminhos. Sinto que em cada um deles há uma grande porta invisível, como se fossem portais. Sinto e vejo que o miolo do jardim contêm somente rosas e que na medida em que os caminhos se formam, outras flores, arbustos e árvores aparecem.

Tudo se mistura em meu coração. Sinto que estou no miolo do meu livro. No caminho iniciado pelas rosas. Ele olha nos meus olhos, que estão em pura e silenciosa paz. Meu coração acelera. Não é medo, é alegria de estar terminando uma etapa. Já é uma saudade dos amigos que me incentivaram a escrever linha por linha de suas vidas e de suas mortes. Também é aconchego porque eles confiaram em mim. Entendo também que cada portal conduz a um caminho diferente e que nestes, vários espíritos que se assemelham, encontram-se estudando e se aprimorando. Há trabalhadores, há visitantes, há almas que evoluem e aprendem em cada portal. As frequências mudam de portal para portal. Muitos conseguem acessar a todos, outros esperam o momento certo para seguir em frente e trocar de caminho. Lições, aprendizados de amor e evolução são sugeridas. Todos que estão ali querem estar ali. Eu sou apenas uma convidada que ainda possui um corpo na Terra, mas um dia, certamente, também estarei com meus afazeres ali.

Olho também para mim. Estou com roupas brancas, totalmente brancas e leves, quase transparentes. Uso sandálias com tiras brancas, similares a couro. Observo que ele está descalço. Entendo que ainda não tenho a pureza suficiente para pisar ali, por isso uso sandálias. Ele confirma o que sinto. O seu olhar silencioso conversa comigo.

Sinto suas mãos se erguerem em várias direções, como se um sinal abrisse aqueles vários portões invisíveis daqueles vários lares que eu visitei durante estes capítulos. Posso ouvir um suave barulho de abrir portões. Posso sentir o cheiro dos vários arbustos e flores se misturarem com as rosas. Como se comportas de uma represa estivessem sendo abertas. Vejo meus muitos amigos se aproximarem.

Eu choro. Como choro! Parece demais para mim. Eles estão todos aqui para se despedir desta etapa.

Damião diz-me para ficar tranquila. Entendo que preciso apenas sentir aquele momento.

A primeira que vem é Eva – radiante, em plena luz. Beija minhas mãos e agradece-me. Diz-me que precisava passar para o povo da Terra algumas sensações do pós-morte. Agora, ela seguirá em suas missões, mas antes, entrega-me uma rosa branca ainda em botão.

Vejo uma fila que se forma. Várias filas saindo dos vários portões invisíveis.

Tomaz, sorridente, se aproxima. Dá-me um abraço e me chama de irmã. Diz-me que somos velhos parceiros de missões. Sorri como se fosse um menino sapeca. Deixa-me, também, uma rosa em botão. Diz-me até logo.

Anita, silenciosa, me beija na testa e me entrega outra rosa. Seu semblante é sábio e sereno. Ainda preserva um corpo de senhora como quando tinha desencarnado. Seus olhos mantinham a doçura de uma menina sapeca.

Katharine, em um vestido rosa, de mãos dadas com Lorenzo, apenas deixa-me mais uma rosa. Ela me olha profundamente com um sorriso tênue e macio. Agradece.

Sinto que aqui não se usa palavras. O coração é que fala.

Todos que se expressaram neste livro entregam-me rosas em botão. Eles seguirão em seus afazeres. Aqui é apenas um momento de reflexão, sem início, sem fim.

Aromas, espíritos e seres de luz que buscam a evolução de si mesmos, caminham ao meu redor em um ir e vir leve. Trazem consigo amor incondicional pelo próximo. Eu vejo-os e sinto-os como minha família. Sinto que, um dia, seremos um só.

Um amor impossível de ser descrito me invade. Uma sensação de dever cumprido, ou pelo menos um de meus deveres. Neste instante, sinto que todos retornam até mim. Um grande buquê de rosas está em minhas mãos. Olho para os meus amigos, que parecem tão próximos. Estive com eles em seus momentos bons e ruins, evolutivos ou não. Parece que estão dentro de mim, que somos um só. Olho para todos e sorrio. Minhas lágrimas correm. Agradeço pela oportunidade que me deram. Eles formam um círculo em minha volta. Todos dão as mãos. Oramos juntos. A oração soa como uma música. Tudo é vibração. Fecho meus olhos. Sinto gratidão. Tudo silencia.

Agora estou sozinha naquele jardim. Todos se foram. Em minhas mãos, todas as rosas se abrem. Lindas rosas formam um vasto buquê. Entendo que ganhei um presente. Choro mais um pouco. Tudo está em paz dentro e fora de mim. Sei que eles me observam, mas não os vejo mais. É hora de voltar.

Agora, sinto minhas mãos novamente neste teclado. Sei que todos ainda estão aqui comigo. Sinto risos e música. É festa, é gratidão, é amor, é ensinamento para nossas existências.

Em algum lugar, alguém nasce...

Em algum lugar, alguém morre...

Todos teremos um dia para nascer e outro para morrer.

Todos teremos uma história e um ensinamento.

A vida e a morte seguem, andam em círculos concêntricos do ir e vir. Retornamos, reencarnamos e recorremos em erros e acertos.

A todo Ser é dado o caminho de rosas, repleto de atalhos para a evolução. Precisamos senti-los com o olhar do coração.

Fique em paz.

Um botão de rosas para você.

Daniela

CONVERSA COM O LEITOR - PRÁTICA 1

A GRANDIOSIDADE DA VIDA E, PORQUE NÃO, TAMBÉM, DA MORTE?

Não seria eu, se escrevesse algo sem colocar em prática um pouco da energia que há em mim e em você... Enquanto eu dialogava com os personagens deste livro, vivia com eles suas histórias, servia de veículo para transpô-las ao papel, práticas de amor, relaxamento e evolução vieram-me com uma fluidez muito bonita. Tenho certeza de que elas auxiliarão você a acalmar o seu coração, iluminar ainda mais o seu espírito. Permita-se, respire, entregue-se. Você só tem a ganhar, querido leitor.

A vida é bela em todos os sentidos. É nela que temos a oportunidade de evoluir e de nos fazermos conscientes de quem somos.

Se aproveitássemos tudo o que ocorre conosco, todos os instantes, todas as pessoas, e olhássemos como se tudo estivesse no roteiro de nossa passagem aqui na Terra, nos tornaríamos deuses no aqui e no agora.

Ser um deus é ser pleno em todos os sentidos. É amar a todos e a si mesmo sem distinção. Ser Deus é ser tomado pela Lei do Amor.

Nada é por acaso, tudo é predestinado e montado por nós antes de virmos para cá. Nós escolhemos nossas metas, buscamos os nossos companheiros de viagem. Enfim, somos apenas assistidos e orientados pela Lei do Amor que vibra em nós através de nossa consciência.

Cada dia, cada hora, cada minuto ou segundo, cada homem, cada mulher ou cada criança que se encontram conosco estão inseridos no livro da nossa vida.

Temos um livro da vida. Nele, está escrito tudo sobre nós – de onde viemos e para onde pretendemos ir. Ali estão nossos parceiros e nossos inimigos.

Nada passa em branco, tudo é registrado. Atos bons ou maus serão julgados por nós mesmos. Não há outro juiz, senão nós. Cabe a nós discernir sobre o que acontecerá conosco.

Os amparadores do amor apenas observam e nos orientam. Jamais julgariam a um irmão.

Evolução simboliza amor e livre-arbítrio. Cada um faz aquilo que quer e esse ato vibrará no seu livro da vida. Um caído estará caído porque quer. Sempre há amparadores do amor para acolherem.

Muitos de nós, ao termos a consciência de que passamos para o outro lado, ou seja, para a morte, nos entregamos às lágrimas e ao arrependimento.

Quando nos damos conta de tudo o que poderíamos ter feito e não o fizemos, das palavras que deveríamos ter dito e não dissemos, daqueles que poderíamos ter ajudado e não ajudamos; quando nos damos conta de que não cuidamos nem mesmo de nós, nem do corpo físico que morreu, nem da alma que passa para o outro lado, lágrimas descem exacerbadamente e, junto a elas, gemidos de arrependimento e gritos cheios de porquês.

A vã ilusão da vida nos contagia e faz com que esqueçamos que estamos apenas fazendo uma viagem e que esta tem um destino final, assim como teve uma partida.

A compaixão se faz presente ao vermos irmãos desencarnados arrependerem-se de seus feitos e não feitos. Nada se pode fazer, além de envolvermos a todos com muito amor e esperança de que, na próxima, poderemos acertar.

O tempo não é real, nem aqui, nem lá. O tempo depende do nível de aprendizado de cada um. A evolução ou involução marca o tempo de cada um. Um ano para alguém pode representar 50 para outrem. Um espírito pode passar no além-túmulo por 100 anos, no tempo de lá. E aqui, ter passado apenas dois anos. O tempo real está dentro de cada um.

Passamos muito tempo aprendendo sobre nós mesmos no além-túmulo. Aulas são nos dadas para que não repitamos os mesmos erros. Somos alertados dos perigos de nossas quedas. Nós mesmos decidimos como reencarnar.

Ao reencarnar, saberemos exatamente aquilo que viemos passar. Escolhemos e aceitamos. Nada nos é escondido. Até mesmo os erros vindouros dos irmãos que farão parte de nossa existência nos são avisados e encarados de frente.

Os espíritos guias nos ensinam como proceder diante das várias situações. Todas as possibilidades já são esperadas e estudadas. Nada nos é pego de surpresa. O problema é que, quando nos envolvemos da falsa ilusão de que somos eternos dentro de um único corpo físico, endurecemos nossas verdadeiras memórias e, então, nos afastamos da Lei do Amor.

Ninguém nos abandona. Os espíritos amparadores estão sempre conosco, enviando-nos energia vibracional e também telepática, orientando-nos e guiando-nos.

Muitas vezes, o endurecimento de nosso ser é tão grande e tão profundo que criamos uma barreira em torno de nós mesmos, o que nos impede de sentir as ajudas dos mundos superiores, de nossos amigos espirituais.

Amigos e inimigos não existem. Todos somos irmãos. Os nossos inimigos são aqueles que possuem animosidades que estão dentro de nós. Os nossos amigos são aqueles que possuem características boas ou más e que nos agradam e que também estão dentro de nós.

O nosso mundo interno chama, atrai o nosso próximo. No momento em que eliminarmos os nossos defeitos de dentro de nós, que deixarmos a Lei do Amor entrar em nós, conseguiremos desabitar muitas moradas pesadas que vivem em nosso mundo interno e em nossa mente. Os habitantes que moram nessas casas, que se alimentam de nossas energias e que foram criados por nossos pensamentos e sentimentos serão reduzidos à luz e aqueles que se ligaram a nós por sintonia encontrarão as suas verdadeiras moradas na Lei do Amor.

Urge que façamos a nossa revolução íntima, que analisemos o nosso interior. Todas as respostas que buscamos estão dentro de nós. Possuímos partículas imortais da Lei do Amor e da Misericórdia Divinas.

Concentre-se em você, amado leitor. Aproveite esta existência para analisar a si mesmo. Os erros dos outros, por mais grave que sejam, começaram aí, dentro de você. Há apenas uma forma de acabar com a maldade que há ao seu redor: acabando com as moradas que há dela dentro de você.

Ative a sua partícula do Amor. Envolva-se em amorosidade, paciência e compreensão.

Exercício para ativar a Lei do Amor dentro de você

Ame-se. Isso mesmo, ame-se.

Sente-se em uma posição confortável. Sente-se, porque se deitar, você pode dormir e ser enganado pela sua própria preguiça.

Se possível, coloque perto de você um copo com água para tomar depois da prática. Aos poucos, você perceberá o quanto este copo com água faz a diferença. Ele colocará, externamente, dentro de suas células físicas, a energia de sua prática.

Feche seus olhos.

Relaxe.

Conte de um a sete lentamente durante a sua respiração.

Inspire.

Vá inspirando e contando.

Lenta e amorosamente, vá fazendo a sua respiração.

Imagine que você vai ficando leve, como se uma energia amorosa e rosa tomasse conta de todo o seu corpo e mente.

Imagine-se subindo, quase flutuando, nesta mesma posição, sentada.

Continue a respiração e a contando.

Tudo lento e amoroso.

Imagine-se no alto, flutuando de um lado para o outro, como um balão rosa.

Imagine que você está envolvido(a) nesta harmoniosa cor rosa.

Deixe-se lá.

Embalando-se nesta fluidez.

E você continua subindo.

Você passa do telhado de sua casa ou prédio.

Você sobe mais e vê toda a sua cidade do alto.

Vai subindo, até entrar no espaço gravitacional.

Lá é tudo escuro. Alguns pontos brilhantes à sua volta.

Você é luz rosa, muito rosa.

Você se destaca no meio daquela escuridão e daqueles pontos brilhantes...

Seu rosa vai ficando cada vez mais vivo.

Deixe-se envolver no espaço galáctico.

Deixe-se pertencer a este espaço.
Entre em sintonia com o movimento dos astros.
Perceba que eles fazem parte de você, que você faz parte deles.
Perceba a dança dos astros.
Sinta em seu coração esta dança.
Retorne lentamente contando de sete a um ao expirar.
Vá descendo, descendo.
Olhe novamente o caminho que você passou quando subiu.
Olhe o caminho de volta.
Não se esqueça da dança dos astros.
Tudo se move em sintonia.
Sinta seu corpo físico. Acople-se.
Abra seus olhos.
Sorria para você.
Não se esqueça da lição aprendida e sentida.
Você faz parte de um todo.
Faça a dança dos astros em sua vida.

PRÁTICA 2

O INÍCIO DE TUDO. A INQUIETUDE DE MIM MESMA

Muitas coisas passam por nós, deixando seus registros marcados em nosso coração e em nossa mente.

Muitas pessoas vão e vêm. Muitas voltam e outras tantas nunca mais as vemos.

Muitos dias estão à nossa espera, mas os que se foram jamais voltarão. Perdemos a cada dia um dia e, ao longo de uma existência, muitos outros dias.

Se pararmos para pensar, ganhamos, temos dias à frente, mas nunca saberemos se são mais dias ou menos dias do que aqueles que já vivemos.

Então, os nossos dias são uma grande incerteza. Eles poderão vir ou simplesmente acabar.

Este, o dia de hoje, pode ser o último, o meu último dia ou quem sabe o seu último dia? Essa incerteza ou certeza ninguém poderá nos dar. Só a energia da vida pode nos dar ou retirar dias.

Talvez a vontade consciente de querer viver, de transformar seus dias e, por conseguinte, suas vidas, pode lhe oferecer, quem sabe, mais dias.

Será que as pessoas sentem o seu último dia de vida? Será que, de alguma forma, percebem que será o seu último anoitecer, amanhecer ou tarde? Será que percebem?

Imagine que hoje será o seu último dia. O que você faria?

Deve haver muitas coisas para resolver. Com certeza, há muitas coisas para resolver. Vivemos e convivemos com as pessoas e com os nossos problemas como se fôssemos donos dos dias que virão. Mas não somos.

Escrevo estas linhas, no hoje, no Brasil, dia dos mortos, 02 de novembro. Comemoramos esta data em respeito aos nossos mortos.

Acabo de pensar que qualquer dia eu e você poderemos estar sendo homenageados neste dia. Parece louco, não é? Mas não, é a nossa pura realidade.

Assim como viemos ao mundo terreno, sairemos dele e não voltaremos mais para cá – pelo menos não com este corpo, com este nome, com o que temos e o que somos aqui e agora.

Estas mãos que digitam não são nada. São apenas um veículo de manifestação do que está mais além deste corpo e do que me acompanha por muitas e muitas existências. E digo-lhes que ainda não sei quem eu sou.

Olho ao redor. Móveis, flores, cheiros, barulhos, sol. Minha família dorme e eu estou aqui, escrevendo. Um nó se faz em minha garganta. Uma vontade de aproveitar este dia como se fosse o último preenche um vazio que vem não sei de onde.

Tudo parece estar em perfeita ordem em harmonia. Meus filhos debaixo de minha asa, meu marido dormindo. Tenho agasalho, comida e teto. Nada me falta. O que pode dar errado?

O medo de ter menos dias para ganhar daqueles que já ganhei. Pois é, posso ter menos dias para viver daqueles que já vivi. Ao pensar isso, um nó se forma em minha garganta e também alguns deles em minhas costas. O medo de não saber aproveitar meus dias me invade por completo.

Eu oro. Neste momento, eu oro. Sim, de verdade, estou orando. Uma oração vem até meu coração.

Sinto energias fluídicas de paz se aproximando de mim. Prossigo, com certeza acompanhada de nossos amigos espirituais.

Natan e Tereza se aproximam. Lágrimas rolam. Sensação de acolhimento. Uma oração se forma.

Pai querido e mãe querida, que me deram a luz nesta vida. Agradeço-vos por terem me abençoado com a experiência de poder compartilhar, nesta existência, com estas pessoas maravilhosas que me ensinam no certo ou no errado, com seus jeitos toscos ou sutis, elas me ensinam a viver.

Pai querido e mãe querida, obrigada por terem cedido as suas células para que eu possa ter um corpo físico, este que uso hoje, que escrevo estas palavras e que pode dar origem a outros corpos, gerando energias, através de seus vários aparelhos que o compõem.

Obrigada ao cinturão da vida e da morte por terem me dado a oportunidade de vir à Terra.

Obrigada ao Mestre Jesus, com seus ensinamentos de amor, por ter concedido e gerado, quem sabe a dança das almas.

Pai, que me ouve e que és o criador das almas, obrigada.

Perdoe-me pela minha insanidade, pelos meus erros conscientes e inconscientes.

Perdoe-me pela fala ambígua que carrego dentro de mim.

Mas não quero, aqui, ficar pedindo somente perdão e perdão.

Quero lhe pedir ajuda. Ajuda para aprender a viver, nestes últimos dias que me restam. Não sei, nem imagino quantos virão, mas quero aproveitá-los.

Por isso lhe peço ajuda, Pai querido que estais nos Céus, para aproveitar os meus dias, para fazer o que tem que ser feito, para plantar sementes de harmonia, de amor, de sinceridade, de humildade, de compaixão.

Peço-te, Pai meu, ensine-me a viver. Talvez eu ainda não saiba e estou desperdiçando o presente que me deram: a Vida.

Ensine-me a crescer aqui na Terra e a emitir Luz para que os outros também possam achar o caminho.

Ensine-me, Senhor Deus.

Gostaria que todos pudessem sentir a energia que está no meu peito neste momento. A cadeia de amor que sinto ao meu redor.

Seria tão bom que, neste momento, eu e as pessoas pudéssemos acreditar na vida não como um fim em si mesmo, mas como um meio de aprendizado para veículos superiores.

Seria tão bom poder encontrar todos aqueles que hoje sinto saudade e que se foram.

Seria tão bom poder corrigir meus erros e abraçar aqueles que magoei.

Então, eu te peço, Senhor Deus, purifica a minha Alma. Faz-me sentir forte e firme para prosseguir.

Protege e acaricie aqueles que ofendi, magoei ou prejudiquei nesta e em vidas passadas. Eu peço perdão a vocês, amados irmãos, se podem me ouvir. Eu não sabia o que estava fazendo. Eu peço que Deus, nosso Senhor e nosso Amado Pai, os proteja e os liberte dos seus pecados com seu imenso amor.

Peço, no dia de hoje, uma orientação.

Peço amor em meu peito para poder ouvir com a voz do coração.

Peço que aprenda a olhar nos olhos e sentir, com a energia pura do amor, aos meus irmãos que estão na Terra e que estão nos céus.

Peço que eu sempre lembre que não sou eterna.

Obrigada, Senhor, obrigada Jesus.

Não sei até quando, talvez minutos, horas, dias ou anos vai durar esta minha vontade de agora. Esta vontade viver e transformar. Peço-te: ensina-me a viver. Ensina-me a levantar, a vencer os meus desafios e a buscar outras etapas. Ensina-me a viver.

Obrigada.

Obrigada.

Obrigada.

Agradeço, Senhor Deus, por tudo.

Prática da oração

E agora, amigo leitor, é chegada a hora de fazer a sua oração.

Pegue papel e caneta.

Se preferir, coloque um copo com água ao seu lado para ir tomando ao escrever.

Escreva a sua oração. Deixe que seu coração flua e desperte em você uma sensação de abertura.

Enquanto eu escrevia a minha oração, primeiramente eu senti um aperto. Depois, as lágrimas doídas desceram. Agora estou leve e com vontade de abraçar a todos. Parece que fui renovada para este dia.

Então, comece agora.

Dê um tempo para você aprender a viver.

Peça ao seu Guia para ensinar-lhe a viver.

Ore, meu irmão ou irmã.

Escreva e reescreva a sua oração quantas vezes forem necessárias.

Abra o caminho do seu coração e comece a sua caminhada com suas mãos limpas e sem carregar tanto peso.

Não espere para escrever a sua oração quando se sentir perfeito. Seus dias podem acabar e a perfeição pode não vir.

Muitos corpos espirituais estão perdidos no dia de hoje. Eles sonham profundamente, nos falsos caminhos, que a inconsciência e a falta de amor nos conduzem.

Outros sabem de sua morte, mas aprisionam-se em seus lares e rotinas terrenas, contaminando energeticamente aqueles que eles acham que estão ajudando.

Alguns choram em suas tumbas, acompanhados de seus entes queridos que levam flores em lembrança à sua passagem na Terra.

Há aqueles que cegos, surdos e mudos nem sabem onde estão, perdidos no tempo e no espaço do mais além.

Por isso, faça a sua oração.

Leia e releia-a.

Não tenha medo.

Prossiga.

Ela servirá como uma limpeza dentro de você.

Foi assim, neste dia e neste momento, que fui presenteada pela Lei Divina com as histórias que reparto com vocês.

Este dia nunca mais voltará, mas a sua energia será reavivada em cada letra lida ou escrita dentro de mim e de você.

Boa Leitura.

PRÁTICA 3
ENTENDENDO O PRÓXIMO

Cada pessoa tem memórias em seu interior.

Cada um sabe onde dói e como é essa "sua" dor.

Cada dor é diferente. mesmo que seja no mesmo lugar, mesma que sejam os mesmos sintomas e consequências, a dor nunca será a mesma.

Muitos gostam de amarelo, outros gostam de todas as outras cores, menos do amarelo.

Uns comem carne, outros nem um pedaço sequer.

Uns apreciam a noite, outros o dia.

Uns amam a si mesmos, outros odeiam a si mesmos.

Há uma dualidade em tudo. Isso é irrefutável.

Temos motivos muito íntimos de sermos assim ou assado.

Nossas ações e reações nunca serão as mesmas.

Mesmo que haja um manual de como agir e reagir diante das situações, cada organismo vivo reagirá de acordo com sua intimidade. Nossa intimidade nos fará dar o primeiro passo e assim por diante.

Todos somos diferentes, porque gravamos impressões e sensações muito particulares dentro de nós. A chave encontra-se na impressão energética que gravamos em nosso inconsciente. Aí esta a diferença entre as pessoas.

Há pessoas que leem os livros do final para o início, há aquelas que leem aleatoriamente os capítulos deste livro, há outras que não leem e outras que leem e releem.

As diferenças de proceder, de manejar com seu corpo físico e com sua mente nunca será a mesma.

A energia que habita nosso corpo físico é pura impressão. Essa energia está à serviço da humanidade, dos vários reinos. Ela tem um motivo secreto para existir e reabitar em vários corpos de tempos em tempos. São várias tentativas de aprimoramento.

Por mais dura que seja a pessoa, ela foi feita de amor. O amor é a energia criadora, renovadora e transformadora. Por isso, por maior que seja o mal que a humanidade ou as pessoas em particular nos fizeram ou ainda farão, não podemos esquecer que elas, assim como nós, são feitas de amor. O amor estará ali. Ele nunca vai embora.

Somente o amor vibra em todas as dimensões, em maior ou menor grau, em todos os reinos e no Universo. Ele é onipotente, onipresente. Jamais nos esqueceremos da sensação que o amor nos proporciona.

Resgatando o amor

Procure lembrar, em específico, de um carinho que alguém lhe deu. Feche seus olhos e tente lembrar deste carinho. Agora.

Respire fundo.

Se puder, conte até sete, de um a sete, e puxe esta lembrança dentro de você, a lembrança do carinho que você recebeu.

Por mais duro(a) que você seja, com certeza, haverá uma lembrança de amor aí.

Então, vamos agora, juntos.

Inspire algumas vezes e expire lentamente.

Se puder, pegue um papel e uma caneta para anotar esta lembrança.

Você começará a reviver a energia do amor e fazer com que ela tome conta de sua vida.

Vamos, querido(a), não tenha medo. Entregue-se e vibre no amor. Reacenda a energia divina do amor em você.

Juntos.

Escrevo aqui a lembrança que busquei dentro de mim:

Eu tive uma vó terrena que se chamava Amabile. Passei ao seu lado muitos momentos. Lembro que ela me levava na missa, me incentivava a orar em voz alta, junto com suas amigas. Pode-se dizer que, por muito tempo, eu fui sua companheira.

Hoje, consigo perceber que esta convivência me ensinou muito do que sou e em quem me transformei.

Não posso dizer que ela era perfeita. Acredito que ninguém terreno seja, nem eu, nem você. Mas aqueles momentos que aqui, em meu coração, busquei, me encheram de paz e vontade de prosseguir.

Seus olhos eram de um azul radiante. Acabei de senti-los olhando para mim. Acabei de ouvir a sua voz. Acabei de sentir suas mãos sobre as minhas, enquanto conversávamos na mesa da cozinha, após ela ter preparado carinhosamente, o arroz com couve que tanto eu gostava.

Ela já se foi para outro plano. Deixou-me muitos legados. Mas agora, aqui, neste dia e neste momento, com essa lembrança tão viva que veio até mim, fez-me sentir a importância de acariciar alguém e fazer coisas especiais para as pessoas.

Minha vó me fazia sentir especial. Na idade adulta, eu a via raramente, não mais que duas vezes ao ano e também não mais que horas, mas cada vez que nos encontrávamos, eu sentia o amor que ela tinha por mim.

Mal sabia ela que me abastecia com seu amor. Muito do que eu sou hoje, com meus filhos, com meu marido e com as pessoas em geral vieram do amor que ela me abasteceu.

Com o passar dos anos, eu não tinha mais o arroz com couve, ela não podia, nem sabia mais prepará-lo, mas eu tinha a impressão gravada dentro de mim, com muito amor daquele arroz, dos momentos em que ela largava tudo e sentava ao meu lado para conversarmos.

Então, minha amiga, meu amigo, reabasteça-se.

Sinta que algum dia você foi amado(a).

Sinta que algum dia alguém fez algo especial para você, só para você.

Todos somos especiais, não se esqueçam disso.

Não deixe que a vida dura lhe transforme em uma pedra.

Se não houver lembranças de amor dentro de você, invente.

Isso mesmo. Invente. Crie uma lembrança. Imagine uma cena.

Você será invadido com este amor da mesma forma.

A imaginação cria. A criação transforma.

PRÁTICA 4

PRÁTICA PARA LIMPAR O SEU CORAÇÃO. A VIDA FLUIRÁ MELHOR ATRAVÉS DE VOCÊ

Muitas vezes, queremos resolver as situações no grito ou simplesmente na conversa, só que o outro, talvez, não esteja preparado para resolver isso dessa forma.

A outra pessoa é um universo de reações desconhecido para você. Nela, há memórias desta e de outras vidas inimagináveis para você. A conversa que você quer ter pode ser entendida de forma errada, pode ser levada para outro lado que não o da compreensão e causar mais e mais atritos.

Por que será que temos apenas uma boca, ao invés de duas? E dois ouvidos, ao invés de um? Se nada é por acaso, deve haver um bom motivo para isso. Analisando essa reflexão, devemos falar menos e ouvir mais. Então, será que adiantaria falar tantas coisas que estão erradas? Será que não é melhor ouvir ao outro, ouvir os sinais da vida e deixar que as energias organizem tudo isso para você?

Isso mesmo, porque não organizar a sua casa interior, o seu coração e deixar que a energia provinda desta organização e ajustes reformule tudo isso que esta errado para você?

Pense como se fosse o seu último respirar, o seu último momento com você. Pense que você esteja, talvez, ao lado de sua morte. Há apenas um passo dela. Será que nesta situação você pararia para consertar estas coisas erradas? Será que por um momento sequer você pensaria nelas? Acredito que não. Acredito que você só pensaria em viver e transmitir amor para aquela pessoa.

Seja realista, olhe para você.

Encare que tudo o que acontece ao seu redor é porque está sendo atraído por você. Difícil aceitar, mas não é o outro que está errado, e sim você.

Difícil isso, não é? Como aceitar que eu estou errado e não o outro? Como absorver que eu que tenho que mudar as ações e reações dentro de mim e não o outro? Mas é assim que temos que fazer, se queremos mudar tudo à nossa volta.

Temos que organizar nossa casa interior. Temos que amenizar as mágoas que se alimentam de nossas energias. Temos que aposentar o general que manda e desmanda na nossa vida e na vida dos outros.

Talvez você se engane, pensando que é o outro o errado, o que mente, engana, trai e briga... que foi ele quem causou tudo isso, quem rouba, se apega, faz de tudo uma tempestade.

Por que eu tenho que calar e mudar tudo dentro de mim? Porque no universo tudo ocorre através de energia. Há energias dentro e fora de nós que atraem ou repelem tudo o que ocorre conosco.

Funcionamos como um ímã. Atraímos pessoas iguais a nós. Elas mudam apenas seus rostos e endereços, não são nossas sósias, mas dentro delas, há um pequeno ímã que é atraído pelo nosso ímã. Então, ela, sem ao menos desconfiar de tudo isso, se aproxima de nós, gerando danos ou não em nossas vidas.

Não foi a pessoa ou a situação que vieram por livre e espontânea vontade, fomos nós quem a atraímos, foi nossa força interna que gerou este campo de atração. Nosso campo de atração atrai tudo e constrói ou destrói as nossas relações com a vida e da mesma forma no além-túmulo.

Se plantar rosas, sentirá perfume. Este perfume não será sentido apenas por você, mas por todos os que passarem pela roseira. Assim, se limpar seu coração, quem sabe ele não exale rosas como uma roseira?

Prática:

Sente-se em um lugar adequado.

Faça uma oração de sua preferência.

Feche seus olhos.

Inspire e expire algumas vezes para relaxar.

Imagine que o seu coração é formado por muitas pétalas de rosas. Isso mesmo, várias pétalas de rosas.

Entregue-se a estas rosas, a estas pétalas.

Aos poucos, sentirá até os seus cheiros e verá as suas cores.

Faça esta prática todos os dias por uns 5 minutos. Ela ajudará você a limpar o seu coração, a substituir conversas que não darão em nada por um lindo jardim, o SEU jardim. Este jardim atrairá borboletas ao invés de pedras, dores e remorsos.

PRÁTICA 5

RECOMEÇAR
APENAS ORGANIZE-SE

Recomeçar... por que não como forma de poesia? Morrer ou viver? Estar vivo? Estar morto? Que cenários? Que dramas? Que verdades ou mentiras?

Buscar aí dentro o artista para interpretar a si mesmo?

A vida é cheia de recomeços, de várias oportunidades de fazer diferente, de estradas invisíveis já traçadas por nós.

Passadas largas. Largas passadas, que nos afastam do verdadeiro caminho.

Cadeiras vazias.

Caneta falhada.

Letra imperfeita e trêmula.

Mãos endurecidas.

Olhares silenciosos.

Tempos perdidos. Buracos na estrada. Pontes rompidas.

Chuva.

Sol.

Raios e trovões.
Flores e frutos.
Sementes que florescem.
Primavera, verão, outono e inverno.
Inverno, outono, verão e primavera.
O círculo do tempo que completa seu ciclo no início e no reinício.
Palavras repetidas.
Ações e reações.
Pessoas que vão e voltam.
Lugares redescobertos.
O hoje e o recomeço.
O recomeçar no agora.
Os propósitos sondados.
O barco em navegação.
O trem esquentando suas engrenagens.
Os passageiros sentados.
Preciso entrar!
Encontrar o meu lugar com todo este movimento.
Lugares escondidos e vazios me esperam.
A penumbra da viagem criada pelo recomeço.
Hei de saber!
Hei de encontrar!
A engrenagem da vontade se põe em ação.
O click-clack do movimento das rodas.
Pés que caminham
Passos que ficam marcados.
Corpos que se movimentam
Não é fácil...

Nada é fácil...

Mas também não é difícil.

O carro precisa de combustível para andar.

A criança, de mãos para levantar.

O velho, de apoio para continuar.

Recomeço...

Os pássaros, de suas asas

Os peixes, de suas guelras

O homem, além de todo o seu mecanismo corpóreo, precisa de sua vontade...

Vontade que vai.

Vontade que vem.

Vontade que se perde.

Vontade que se acha.

Onde te escondes?

Onde resides?

A engrenagem secreta da vida.

O entardecer e o amanhecer de uma existência.

Café com pão.

Café com pão.

Café com pão.

Pedras no sapato.

Manchas nas roupas.

Cabelos desmantelados.

Costas que dóem.

Corpo que cansa.

Os dias nunca se repetem.

Nossa falsa ilusão mentaliza rotina.

Nenhum dia é igual ao outro.

Tudo, mesmo que repetido por inúmeras vezes, pode ser feito de formas diferentes.

Nosso bom dia pode ser diferente.

A maneira como olhamos o sol pode ser diferente

Não somos máquinas.

Agimos como máquinas.

Agimos rotineiramente.

É chegada a hora de fazermos diferente.

É chegada a hora do recomeço.

Ninguém precisa saber que você já tentou outra vez.

Recomece.

Escreva o seu recomeço, leitor, em forma de poesia, colorindo o seu cotidiano, deixando-o mais bonito. Faça de você o personagem principal de sua própria história. Nâo tenha pressa, mas não deixe o trem passar – você pode perdê-lo. Seja o seu poeta, escreva, leia, reescreva a sua verdadeira poesia. Não tenha medo, vamos lá! Nem tudo na vida rima, mas para quê perder... deixe pra lá... vamos ficar por cima!

PRÁTICA 6

DUALIDADE

A dualidade se faz presente em tudo. Em nossas decisões, há sempre os dois polos o positivo e o negativo.

Baseamos-nos nas memórias duais que temos dentro e fora de nós. Cada um age e reage de acordo com suas formas duais. Todo o porquê tem sua base.

A realidade não é a mesma para todos nós. Cada um a vê de uma forma diferente, por isso deveríamos tentar observar a nossa realidade interna, observar o que habita em nós. Aos poucos, nos daremos conta de que o que ocorre em nossa volta está de acordo com o que temos aqui dentro. Isso mesmo, aqui e aí dentro. Dentro de mim e dentro de você. Nossas adversidades externas são as mesmas internas.

Quando conseguimos sentir isso, a mágoa que carregamos de outrem se liberta. Sentimos até mesmo vergonha de ter pensado ou sentido isto ou aquilo.

Se olharmos o próximo dentro de nós, perceberemos que ele é muito parecido conosco. Eu sofro. Ele sofre. Nós sofremos. Eu me magoo. Ele se magoa. Nós nos magoamos.

Eu tive uma experiência faz poucos dias. Confusões mentais e emocionais dentro de mim me levaram à tristeza e ao isolamento. Algo em mim saltitava. Havia raiva, havia mágoa e havia tristeza. Havia aquele ímpeto de resolver as coisas e esclarecer tudo. E eu tentei. Eu tentei externamente esclarecer tudo. Piorou. Tudo piorou. Novas confusões vieram. Meu sangue fervia. Meu corpo doía. Minha mente não se aquietava.

Até que orei e meditei. Orei pedindo que Deus me orientasse se eu estivesse errada.

E Ele me orientou. E como me aliviou. Mostrou-me que o amor supera os equívocos. Mostrou-me que a justiça não se faz com as próprias mãos. Mostrou-me que os erros dos outros são os nossos erros.

Foi-me mostrado que eu agiria da mesma forma pela qual eu estava condenando, que eu defenderia os meus valores do mesmo jeito. Foi-me mostrado o porquê da pessoa ter agido assim comigo. E foi-me mostrado como eu agi com ela.

Disseram-me em meditação que eu deveria aguardar, calar e observar e enfatizaram-me que o amor supera os erros.

Somente quando entendi que tudo aquilo que acontecia estava mostrando o filme de quem eu era na minha intimidade foi que me aliviei.

Observe. Analise a sua vida. Quem sabe dá para modificar algo com um pouco mais de amor e compreensão.

Nossas várias cabeças

Imaginem, leitores, que temos várias cabeças e, pior, várias cabeças pensantes.

Imaginem um corpo com duas pernas, dois braços e um coração, mas com muitas cabeças. Essas várias cabeças controlam o nosso sistema emocional e mental, ou seja, elas acabam controlando todos os nossos sistemas.

Possuímos vários sistemas – emocional, mental, mecânico, anímico e muitos outros. Possuímos vários centros energéticos dentro de nós. Nosso corpo, nossa mente e nosso espírito possuem vários setores dentro deles. Dentro de nós, nestes vários setores, há vários operários e líderes.

Imaginem que nestas várias cabeças há vários formatos de cabeças de animais. Há vacas, cães, gatos, ratos, dragões, serpentes, leões, lagartos, águias, zebras, dinossauros, enfim, há infinitas formas animalescas.

Imaginem que a nossa cabeça, a que tem o nosso formato, imaginem que esta está sufocada por estas tantas outras formas de cabeças.

Imaginem que a vaca quer pasto, que o cão quer gato. Imaginem que o gato quer carne, que a águia quer a serpente. Imaginem que cada cabeça quer e precisa de algo para se manter. Cada cabeça tem um compromisso, um afazer, um tipo de fome.

Agora, coloque todas estas cabeças dentro de nós, com todos os seus desejos, todas elas conectadas ao seu coração, ao seu corpo físico. Todas querem falar, todas sentem fome e desejo. Todas são importantes. Cada uma quer ser mais importante que a outra. Cada uma quer ser a primeira.

Imagine esta cena.

Confusão, não é?

Descentralização. Brigas. Revoltas. Agitação. Muitos desvios.

Se cada cabeça tem um desejo e um sentimento, com certeza, há muitos desejos e sentimentos dentro de nós.

Muitas vezes nos sentimos perdidos. Não sabemos o que pensar ou sentir e muito menos o caminho a percorrer. Isso ocorre pela presença destas tantas energias que estão conosco.

O ideal para nos sentirmos mais leves e mais equilibrados seria conseguirmos romper com estas energias, encaminhá-las a outros planos ou, quem sabe, incorporá-las através do amor. Quanto menos seres pensantes tiverem em nossa volta, mais conseguiremos tomar as nossas próprias decisões. Por isso, muitas vezes começamos as coisas e desistimos, porque outra pessoa ou energia, que reside dentro de nós, tomou a decisão por nós.

O mesmo acontece quando amamos alguém desesperadamente em um dia e, em seguida, já não queremos mais saber dela. Uma destas energias que residem em nós amou desesperadamente e a outra, não.

Somos marionetes conduzidas por estas tantas energias ou cabeças que estão conosco, grudadas em nós por afinidade. Muitas delas criamos, outras adotamos e outras vieram por afinidade.

Enquanto não soubermos quem somos e o que queremos de verdade, enquanto não deixarmos que o amor tome conta do nosso corpo, o amor por si mesmo, a doação, a oração, não conseguiremos fazer aquilo que realmente precisa ser feito.

Por isso, urge encontrarmos a nós, dentro de nós.

Exercício

Inspire fundo. Bem fundo.

Feche seus olhos.

Sinta que o seu corpo está envolvido em uma bola de cor azul.

Imagine que esta bola vai movimentando-se.

Você está dentro da bola azul...

Seus olhos estão fechados.

Você está entregue a esta energia.

Imagine que uma grande régua é colocada em suas costas.

Esta régua estica suas costas.

Imagine que esta régua e feita de ímã.

Um ímã que atrairá tudo o que não é seu. Tudo o que é você.

Conte de um a sete.

Se puder, fale verbalmente.

Imagine que você mexe de um lado para o outro e, nesta régua, estão ficando presas várias formas, sentimentos e pensamentos que não seus, mas que estavam dentro de você.

Faça uma oração. Peça que seus mentores lhe ajudem a retirar de dentro de você tudo o que não é seu.

Ore com o seu coração.

Nenhuma forma mental ou emocional consegue habitar o seu coração. Só você, sua essência, suas verdades podem habitar o seu coração.

Agora, conte de 01 a 07 mais três vezes.

Imagine que esta régua se descolocou de você.

Imagine que a bola azul vai saindo de você e levando a régua com ela.

A bola sobe, sobe, sobe.

Você consegue ver a bola subindo e levando com ela tudo o que estava demais em você.

Deixe a bola sumir, ir embora.

Conte de sete a um.

Mais uma vez, de sete a um.

Mais uma vez de sete a um.

Respire fundo.

Abra seus olhos.

Sinta você.

Faça este exercício sempre que puder. O ideal é, pelo menos, uma vez por semana. Se quiserem fazer todos os dias, nos finais dos expedientes ou quando for dormir, também ajudará muito.

Este exercício vai desmagnetizando as energias que vem por atração até nós. Temos que nos manter vigilantes em nosso caminho e não nos esquecermos de carregar o amor dentro de nós acima de tudo.

PRÁTICA 7

PRÁTICA DA MEDITAÇÃO ESCRITA EM 29.07.2011 11H DA MANHÃ

Escrevo o tempo e a hora porque estes passam por nós, muitas vezes, desapercebidos, como ondas que vão e voltam. Assim é o nosso tempo, vai e volta mecanicamente, e as experiências "sutis" ali grafadas são entendidas e sinalizadas apenas quando estamos conscientes do tempo presente.

Nas idas e vindas de João passaram-se muitas casas, muitos campos, muitas pessoas. Mal percebia ele se estas tinham portas e janelas, de que cores estavam pintadas, mal sabia ele se os campos tinham flores e mal sabia ele a cor dos olhos destas pessoas, se eram tristes ou felizes

Assim vamos passando nosso tempo e nossa hora, sem perceber aquilo que nos rodeia, porque estamos muito ocupados com os hipnotizadores planos da vida terrena.

A vida nos hipnotiza. Somos robôs do nosso próprio tempo. Estamos programados para despertar no momento adiante, nunca no momento presente.

Imaginem que temos um relógio despertador nos avisando as coisas que temos para fazer. Assim, ficamos conectados ao tic-tac do nosso relógio "imaginário". Programamos nosso despertador para juntar dinheiro para comprarmos o carro, a casa, as novas roupas. Colocamos a hora exata para acordarmos para ir ao trabalho, ao cabeleireiro, ao cinema. Sabemos a hora do almoço e de tantas outras refeições. Inesquecivelmente, o tic-tac de nossas contas a pagar e ou a receber vibram fortemente dentro de nós.

Tudo isso é importante, tudo isso é necessário, mas tudo isso são apenas compromissos da vida. Inadiáveis, importantíssimos, sim, mas pequenos diante dos compromissos da nossa alma, diante dos compromissos com o nosso Ser.

A alma é perene, a vida ou a existência em que a alma se encontra é fugaz! A alma aproveita suas vidas ou existências para aprender, para se purificar.

Voltamos a ter corpos físicos, independentes do padrão corpóreo destes, porque temos propósitos. Nada é por acaso. Nada é ocasional. Tudo é feito conforme leis cósmicas e organizadas. Temos méritos para estarmos, hoje, habitando um corpo físico. Por isso, precisamos regular também o nosso despertador evolutivo. Ligar o tic-tac do tempo de evoluir.

Vivemos como animais presos em nossas próprias correntes. Prendemo-nos em pesados elos existenciais por falta de disciplina, organização, fanatismo, falta de amor e comprometimento com o que viemos fazer nesta vida. Tudo pode ser feito, desde que nos organizemos.

Prática do quem sou? Onde estou? Para onde vou? Medite!

Não deixaremos de pagar nossas contas, cuidar de nossos filhos, de arrumar nossos lares, de estudar em nossos cursos, de amar e ser amado, encontrar nos amigos. Não precisaremos deixar de fazer nada, desde que tenhamos um propósito. Evoluir e aprender com consciência de onde estamos e o que estamos fazendo aqui – isso seria um bom propósito.

Temos que lembrar, a todo o momento, quem somos. Eu sou "Daniela". E você? Temos que nos situar no momento, no aqui e no agora, no tempo do agora. No instante, neste instante, nem antes, nem depois. Quando for para fazer projetos futuros ou metas, sente-se, organize-se para o futuro, mas não se esqueça de sentir-se no aqui e no agora. Viaje no tempo, mas não saia do seu momento atual. Deixe uma âncora no seu momento atual. Ela estabilizará você. Direcionará melhor suas idas e vindas, como um ponto de apoio, como um ponto de referência. Parece incrível, mas nos perdemos de nós mesmos!

Pare um instante. Vamos acertar nosso despertador evolutivo.

Sente em um lugar confortável.

Sinta-se confortável.

Imagine que está colocando uma grande âncora no seu momento presente. Imagine ela se formando e fazendo com que você ancore na sua própria vida, no seu momento presente.

Faça uma contagem de um a sete, se achar necessário, para fortalecer a âncora.

Agora, entregue-se a si mesmo.

Concentre-se no som do seu coração. Só isso.

Concentre-se no som do seu coração. Toda a lembrança que queira lhe tirar do som do seu coração, tire-a de você, mas tire com amor.

Na medida em que vamos fazendo esta prática, vamos alinhando nossas metas, nossos propósitos existenciais e vamos nos purificando de pensamentos e sentimentos errôneos e desnecessários.

Faça isso rotineiramente. Se conseguir, por 10 minutos ao dia, mas se isso for demais, faça o quanto você pode ou permitiu-se. Já ajudará.

AGRADECIMENTO

Eu poderia agradecer a muitos amigos que compartilham ou compartilharam desta existência comigo, mas, se fizesse isso, deixaria de fora outros seres, como o meu **Pé de Laranja**, melhor amigo de infância, que me ouvia e me abrigava, o meu amigo **Cão Max**, que me levou e buscou inúmeras vezes na escola e as várias montanhas e mares que cederam espaço para que eu pudesse meditar. Haveria, também, aqueles **espíritos ou seres de luz** que deixariam de ter o meu agradecimento, independente do seu grau evolutivo, assim como **Natan e Tereza** que me propiciaram fazer estes escritos. Então, prefiro apenas louvar a **Deus** por estas bênçãos.

Contudo, eu não poderia deixar de agradecer à minha amada mãe **Aldara Lia** que, além de me dar a vida e emprestar o seu corpo para que eu pudesse vir ao planeta Terra, me ensinou a orar. Por dias sem fim, na minha infância, eu a via se ajoelhando e tendo fé. E foi esta fé que me fez estar aqui, hoje. Foi esta fé, unida à coragem e alegria de minha avó paterna **Amabile**, que me moldaram para o momento de hoje.

Unindo a fé e a coragem, além de muita vontade e persistência, reencontrei o meu verdadeiro amor **Antônio Luiz**, meu marido e companheiro nas muitas e infinitas horas inquietas do meu saber. É a ele e aos nossos filhos **Luccas Jones**, **Gabriel**, **Arielle** e **Luís Felipe** que eu dedico este livro. Nas minhas incansáveis buscas, foram eles quem estavam comigo para me darem aquele abraço e força para continuar no meu caminho.

Existe uma grande e inquieta amiga, companheira de muitas existências... **Maria Isméria** é o seu nome, mas a chamo de Flor de Lis. Obrigada por ter participado e me orientado nas várias direções que foram propostas e dos vários detalhes que decidimos juntas.

Obrigada, obrigada, obrigada...

Daniela